修訂本

清華大學藏戰國竹簡【壹—叁】文字編

李學勤 主編
沈建華 賈連翔 編

中西書局

圖書在版編目（CIP）數據

清華大學藏戰國竹簡（壹—叁）文字編 / 李學勤主編；沈建華，賈連翔編．—修訂本．—上海：中西書局，2020（2022.7 重印）
ISBN 978-7-5475-1783-3

Ⅰ．①清…　Ⅱ．①李…　②沈…　③賈…
Ⅲ．①竹簡文—研究—中國—戰國時代
Ⅳ．①K877.54

中國版本圖書館 CIP 數據核字（2020）第 230698 號

清華大學藏戰國竹簡（壹—叁）文字編（修訂本）

李學勤　主編
沈建華　賈連翔　編

責任編輯　劉寅春
出版發行　上海世紀出版集團
中西書局（www.zxpress.com.cn）
地　　址　上海市陝西北路四五七號（郵編：二〇〇〇四〇）
印　　刷　上海天地海設計印刷有限公司
開　　本　八八九×一一九四　十六開
印　　張　二十八點五
字　　數　二十萬字
版　　次　二〇二〇年十月第一版　二〇二二年七月第二次印刷
書　　號　ISBN 978-7-5475-1783-3/K・346
定　　價　壹佰陸拾圓

本書係教育部哲學社會科學研究重大攻關項目「出土簡帛與古史再建」（09JZD0042）
清華大學自主科研項目「清華簡的文獻學、古文字學研究」
國家社科基金重大項目「清華簡《繫年》與古史新探」（10&ZD091）的階段性成果

前言

二〇〇八年七月，清華大學校友從海外購得一批戰國楚簡捐獻母校以來，在校領導鼎力支持下，經過清華大學出土文獻研究與保護中心全體同仁的多年努力，自二〇一〇年起先後發表了三輯清華簡的整理報告《清華大學藏戰國竹簡》（壹、貳、叁），受到海内外學術界的高度重視，成爲中國先秦學術史的一個重大事件。這批簡内容豐富，有《尚書》類的佚文和類似《竹書紀年》的史書，以及與樂舞相關的《詩》篇，同時也包括志怪體的小説等等，其重要意義是不言而喻的，給學術界帶來極其深遠的影響，因此隨着每年整理報告的公佈出版，清華簡已在衆多的出土文獻中，佔據越來越重要的位置。

爲了滿足和方便不同層次讀者檢索清華簡字形和釋文的需要，從清華簡的整理報告開始編撰時，我們就設定了「字形表」這一部分。衆所周知楚文字的複雜和多變性，如果從專業研究的角度嚴格來説，每輯在某種程度上，其實並不能替代古文字專業研究的作用，由於受到體例的種種限制，原三輯必然會存在諸多不盡如人意之處，包括異體字無法互見、文字隸定前後輯不統一，以及拼音錯漏和誤入部首的字等等，因此我們認爲有必要在原有基礎上檢討，重新整理合成一部文字編，同時采納近幾年學者對清華簡文字研究最新成果，個别處又重新作了修訂，特别是不清楚的文字做了紅外綫掃描照片（見賈連翔《清華簡壹—叁輯字形校補札記》，載《出土文獻》第四輯，2013年）。當然，在本《文字編》的編纂過程中我們還會存在種種錯誤和疏漏，不盡完善的地方，期待讀者的批評和指正。

本《文字編》是教育部哲學社會科學研究重大攻關項目「出土簡帛與古史再建」（09JZD0042）計劃成果之一，從構思到出版，在李學勤、趙平安先生指導和積極推動下，特别是李守奎先生所給予的熱情幫助和指導，使這部《文字編》得以順利完成。在此，我們要感謝曾參與編纂「字形表」的馬楠、孫飛燕博士，還有本中心全體成員，如果没有集體智慧和寶貴意見，以我們的水平是無法完成這本《文字編》的編纂任務的。在此我們也對中西書局責編劉寅春深表感謝，不厭其煩的一次次校改，讓我們再一次感受到中西書局編輯的敬業精神。

沈建華　二〇一三年三月十日

凡例

一、本文字編以業已公佈的《清華大學藏戰國竹簡》第壹、貳、叁輯「字形表」爲資料來源，經過重新整理修訂編輯合成。內容包括：（一）全部字形（含合文、不識字）；（二）拼音檢索；（三）筆畫檢索；（四）《清華大學藏戰國竹簡》第壹、貳、叁輯釋文。

二、本文字編字頭基本按《説文》大徐本部首爲序，爲便于檢索，每個字頭上用數字表示卷部序號，如「忻」字上的「1039」，即表示第十卷中第39個部首心部。凡不見於《説文》的字頭，概附在所从部首之後。

三、每一字頭上端方括號內字爲《説文》隸定字，次下爲清華簡古文隸定字，以下爲從竹簡圖版中提取的字形，字形下注明所出篇名省稱和簡號。凡重文字形，在篇名和簡號旁加注「（重）」，訛書字形，其旁加注「（訛）」，簡背字形，其旁加注「（背）」，殘泐字形，其旁加注「（殘）」。凡屬該字異體則分行另起排列。

四、本文字編設有異體字重見，對于通用和假借字則一概不收。如《程寤》簡3的「杢」字，即「社」字異體，故列入示部，土部重見。凡異體字下都注明篇名簡號和重見卷部序號。

五、所附拼音檢索，按釋文讀音編製，僅供參考。同字異讀者檢索重見。

六、所附筆畫檢索，參考《漢語大字典》的筆畫計算。

七、所附《清華大學藏戰國竹簡》第壹、貳、叁輯釋文，以原整理者的工作爲基礎，酌情吸納最新的研究成果。

目録

101	101	101
一	元	天
尹至05	程寤01	尹至03
尹誥01	金縢03	尹誥01
耆夜03	金縢03	程寤05
耆夜05	皇門03	金縢09
耆夜06	琴舞01	金縢12
耆夜08	琴舞02	金縢13
耆夜10	琴舞05	兀
金縢02	芮良夫14	繫年056 重見825
皇門12		繫年060
祭公09		繫年088
祭公20		繫年091
繫年008		繫年119
繫年086		
繫年101		
繫年106		
繫年109		
繫年111		
説命上05		
説命上05		
説命上06		
説命下03		
琴舞09		
赤鵠14		
赤鵠14		

101

天

皇門04
皇門06
皇門12
祭公01
祭公02
祭公03

祭公05
祭公10
祭公10
祭公11
祭公12
祭公14

祭公15
祭公17
祭公20
楚居03
繫年001
繫年097

説命上01
説命上04
説命中04
説命中05
説命下02
説命下05

説命下08
説命下09
説命下09
琴舞02
琴舞06
琴舞08

琴舞09
琴舞11
琴舞13
芮良夫02
芮良夫03
芮良夫06

芮良夫10
芮良夫15
芮良夫18
芮良夫19
芮良夫21
芮良夫25

赤鴼10
赤鴼10
繫年002
繫年089

102					102		
上				⿱上上	帝		
保訓05	楚居11	琴舞02	祝辭01	祭公12 重見213	尹至05	赤鵠12	繫年022
耆夜02	楚居12	琴舞08	皇門05	赤鵠09	金縢04	保訓07	說命上03
耆夜08（重）	楚居12	琴舞11	皇門11	赤鵠13	良臣01	耆夜08（重）	說命上03
金縢03	楚居13（重）	琴舞12			赤鵠07	祭公04（殘）	說命中01
祭公04	繫年128	芮良夫12			赤鵠08	繫年001	琴舞12
楚居01	說命下07	良臣03			赤鵠11	繫年004	

字頭	字號	出處
旁	102	楚居06；楚居06
下	102	保訓05；耆夜08（殘）；金縢05；祭公04；祭公05；祭公12
		繫年097；繫年135；説命下07；琴舞08；琴舞09；琴舞11
		祝辭01；赤鵠03；赤鵠08；赤鵠08；赤鵠12；赤鵠12
		繫年002；繫年089；繫年107
示	103	皇門05
福	103	程寤07；楚居08；楚居09；楚居09；説命下06；琴舞13
		琴舞16

103		103	103	103	103	103
祝		祀	祭	禮	神	祇 巂
![祝] 金縢 03	![祝] 程寤 02	![祀] 說命下 08	![祀] 程寤 01	![祭] 楚居 05	![禮] 繫年 001	![神] 程寤 03	![祇] 芮良夫 22
	![祝] 耆夜 08	![祀] 芮良夫 18	![祀] 皇門 04	![祭] 赤鵠 07		![神] 金縢 04	
	![祝] 耆夜 09		![祀] 皇門 06			![神] 皇門 05	
	![祝] 祝辭 01		![祀] 皇門 11			![神] 皇門 06	

編號	字頭	字形
103	社	 芮良夫14
	杢	 程寤03 重見1314
103	禍	 楚居10  楚居13  楚居16
	⿰礻骨	 尹至03  金縢08  繫年090  繫年099  繫年102
		 繫年122  繫年131  芮良夫01  繫年084
103	祟	 祭公21  芮良夫07  芮良夫10  芮良夫21
103	禝	 程寤03 重見723  芮良夫15
	⿰礻里	 祭公13

103	103	103	103	103	103	103	103
⿱罒示	⿱𦤎示	⿱㡭示	⿱亦示	⿰礻工	⿰礻畏	⿰礻束	⿰礻蕪
 尹至04	 金縢04 重見923	 繫年001	 楚居05（重）	 金縢06	 程寤06	 芮良夫18	 赤鴼06
 繫年044				 金縢10	 程寤08		
 繫年057				 祭公11			
 繫年103				 琴舞08			
 繫年111				 芮良夫13			
				 芮良夫18			

104			105				
三			王				
保訓07	祭公17	繫年063	程寤01	耆夜01	金縢01	金縢06	金縢10
金縢01	祭公18	繫年069	程寤02（重）	耆夜03	金縢01	金縢08	金縢11
金縢02	繫年009	繫年123	程寤02	耆夜04	金縢02	金縢08	金縢11
金縢08	繫年013	繫年135	程寤03	耆夜07	金縢03	金縢09	金縢12
祭公09	繫年013		保訓01	耆夜08	金縢06	金縢10	金縢14（背）
祭公12	繫年047		保訓01	金縢01	金縢06	金縢10	金縢14（背）

楚居11	祭公21	祭公08	祭公03	皇門08	皇門06	皇門04	皇門02
楚居11	楚居07	祭公10	祭公04	皇門08	皇門06	皇門04	皇門03
楚居11	楚居08	祭公10	祭公04	皇門08	皇門07	皇門05	皇門03
楚居11	楚居09	祭公11	祭公04	皇門09	皇門07	皇門05	皇門03
楚居12	楚居10	祭公18	祭公07	皇門11	皇門07	皇門05	皇門04
楚居12	楚居10	祭公19	祭公07	祭公01	皇門08	皇門05	皇門04

105

王

楚居13	楚居15	繫年003	繫年006（重）	繫年008	繫年014	繫年024	繫年028
楚居14	楚居16	繫年003（重）	繫年006	繫年008	繫年014	繫年025	繫年028
楚居14	繫年001	繫年004	繫年006	繫年009	繫年015	繫年026	繫年029
楚居14	繫年001	繫年005	繫年007（重）	繫年012	繫年017	繫年026	繫年029
楚居15	繫年002（重）	繫年005（重）	繫年007	繫年013	繫年018	繫年027	繫年041
楚居15	繫年003	繫年005（重）	繫年007	繫年013	繫年019	繫年027	繫年042

繫年044	繫年059	繫年074	繫年077	繫年082	繫年085	繫年090	繫年098
繫年056	繫年061	繫年074	繫年078	繫年082	繫年086	繫年096	繫年098
繫年056	繫年061	繫年075	繫年080（重）	繫年083	繫年087	繫年097	繫年099
繫年057	繫年061	繫年075	繫年080	繫年084	繫年087	繫年097	繫年099
繫年058	繫年063	繫年076	繫年080	繫年084	繫年088	繫年097	繫年100
繫年058	繫年063	繫年077	繫年081	繫年084	繫年088	繫年098	繫年100

105

王

繫年 102
繫年 104
繫年 104
繫年 104
繫年 106
繫年 106
繫年 106
繫年 109
繫年 109
繫年 110
繫年 110
繫年 114
繫年 114
繫年 116
繫年 119
繫年 124
繫年 125
繫年 126
繫年 126
繫年 127
繫年 127
繫年 129
繫年 129
繫年 133
繫年 136
繫年 137
説命上 01
説命上 01
説命上 03
説命上 04
説命上 07
説命中 01
説命中 03
説命下 03
説命下 04
説命下 06
説命下 07
説命下 08
説命下 10
琴舞 02
琴舞 07
琴舞 13
芮良夫 08
芮良夫 12
良臣 02
良臣 04
良臣 04
良臣 05

	105		106	106	106	106	107
	皇		玉	璧	玟	珪	班
 良臣05  良臣07  良臣07  良臣09  良臣10  良臣11	 程寤04  金縢12  祭公04  祭公04  祭公10  繫年130	 琴舞08  良臣01	 尹至02  説命下07  尹誥04  繫年043  繫年059  繫年071	 金縢02  金縢05  金縢05	 耆夜05	 金縢02 重見1314	 祭公09

108 乞

皇門 02

109 士

耆夜 05
耆夜 11
耆夜 13
耆夜 14
祭公 16
琴舞 01

110 中

保訓 04
保訓 06
保訓 08
保訓 08
祭公 12
繫年 063

繫年 101
繫年 102
楚居 02
繫年 016
良臣 08
良臣 10

祭公 19

审

尹誥 04 重見 739
楚居 16
繫年 039
繫年 067
繫年 068

祭公 17
說命上 01
說命上 04（重）
說命上 04
說命上 05
說命上 05

說命上 06
說命下 06
芮良夫 27

110	111	111	112	112	112		112
							［落］
屯	峁	芒	莆	芋	藍		茖
 芮良夫09	 繫年019	 尹至02 重見211	 繫年069	 繫年056 重見614	 尹誥02	 芮良夫08	 耆夜12（殘）
 芮良夫26					 祭公14	 芮良夫17	 繫年127
 赤鵠08					 楚居15（重）		 琴舞05
 赤鵠12					 琴舞02		 琴舞12
					 琴舞07		
					 琴舞07		

112	112	112	112		112		
芧	茅	芸	藥		若		
 繫年095	 保訓04	 繫年085	 程寤05	 耆夜13	 尹至04	 祭公01	 楚居10
		 繫年086	 耆夜03（重）重見601	 耆夜14	 尹至04	 祭公05	 説命中02
		 繫年086	 耆夜10	 説命中04	 保訓02	 祭公07	 説命中02
			 耆夜11		 金縢04	 楚居04	 説命中04
			 耆夜11		 金縢04	 楚居06	 説命中04
			 耆夜12		 皇門01	 楚居06	 説命中05

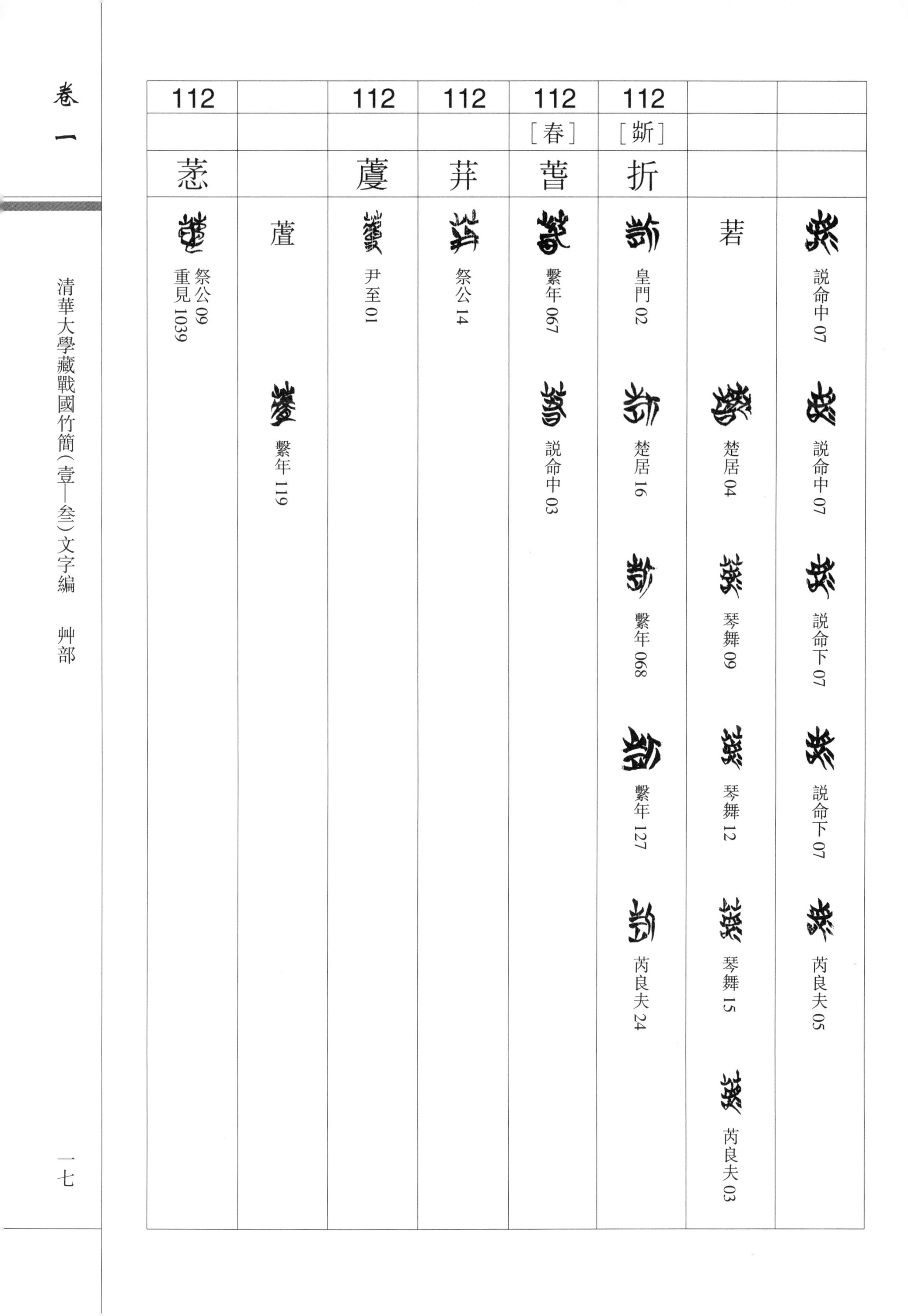

		112	112	112	112		112
		［𣂚］	［舂］				
		折	萅	茾	蘉		蒸
説命中07	若	皇門02	繫年067	祭公14	尹至01	蘆	祭公09 重見1039
説命中07	楚居04	楚居16	説命中03			繫年119	
説命下07	琴舞09	繫年068					
説命下07	琴舞12	繫年127					
芮良夫05	琴舞15	芮良夫24					
	芮良夫03						

112	112	112	112	112	112	112	112
蒡	芽	莧	⿱艹綿	⿱艹亩	芺	蓑	⿱艹⿰阝欠
 祭公13	 程寤05	 程寤02	 繫年029	 繫年057	 繫年068	 繫年095	 赤鵠08
	 程寤08						 赤鵠12
							 赤鵠13
							 赤鵠14

		114				114	112
		［葬］					
		⿴囗死				莫	蘇
		 繫年047 重見621	 芮良夫18	 芮良夫05	 繫年116	 皇門01	 金縢09 重見723
		 繫年053	 芮良夫23	 芮良夫06	 繫年117	 皇門11	
			 芮良夫26	 芮良夫12	 琴舞06	 祭公17	
			 芮良夫27	 芮良夫16	 芮良夫01	 繫年036	
				 芮良夫16	 芮良夫01	 繫年052	
				 芮良夫16	 芮良夫04	 繫年114	

201							201
[小]							
少							灼
皇門01	繫年076	祭公08	芮良夫25	赤鵠03	赤鵠06	赤鵠11	繫年111
皇門02	繫年077	祭公16	赤鵠01	赤鵠03	赤鵠09	赤鵠14	繫年112
皇門06	繫年078	説命下02	赤鵠02	赤鵠04	赤鵠10		繫年115
皇門11	繫年079	説命下05	赤鵠02	赤鵠05	赤鵠10		繫年116
繫年009	繫年081	琴舞10	赤鵠02	赤鵠05	赤鵠10		繫年119
繫年074	祭公01	琴舞11	赤鵠03	赤鵠05	赤鵠11		

202	202				202		202
八	尔				頟		曾
 耆夜 01	 保訓 11 重見 353	 金縢 05	 説命上 03	 芮良夫 09	 琴舞 01	⿱賏爾爾	 繫年 006
 繫年 056	 金縢 03	 皇門 12	 説命上 03（重）	 芮良夫 10	 琴舞 15	 皇門 03	
 繫年 066	 金縢 03	 皇門 13	 説命上 03	 赤鵠 03	 琴舞 16	 皇門 13	
 琴舞 13	 金縢 03	 皇門 13	 琴舞 09	 赤鵠 03	 琴舞 16	 皇門 13	
	 金縢 04	 祭公 16	 琴舞 13	 赤鵠 10			
	 金縢 05	 祭公 19	 芮良夫 03	 赤鵠 10			

202 尚

耆夜02

耆夜10（殘）

耆夜10

祭公03

祭公11

芮良夫05

芮良夫09

芮良夫17

祝辭03

祝辭04

祝辭05

202 介

琴舞14

202 公

耆夜01

耆夜01

耆夜02

耆夜02

耆夜03

耆夜03

耆夜04

耆夜06

耆夜06

耆夜08

耆夜09

耆夜10

金縢01

金縢01

金縢01

金縢02

金縢02

金縢05

金縢07

金縢07

金縢07

金縢08

金縢08

金縢09

金縢10

金縢11

金縢11

金縢12

金縢12

金縢12

繫年032	繫年020	繫年011	楚居13	祭公17	祭公08	祭公02	金縢13
繫年032（重）	繫年020	繫年011	繫年010	祭公17	祭公09	祭公04	金縢14（背）
繫年032	繫年021	繫年012	繫年010	祭公18	祭公09	祭公06	皇門01
繫年032	繫年021（重）	繫年017	繫年010	祭公19	祭公12	祭公06	皇門01
繫年033	繫年021	繫年020	繫年010	祭公20	祭公12	祭公07	祭公01
繫年033	繫年031	繫年020	繫年010	祭公21	祭公15	祭公07	祭公02

202

公

繫年033	繫年035	繫年037	繫年039	繫年045	繫年050	繫年055	繫年061
繫年033	繫年035	繫年038	繫年039	繫年047	繫年051	繫年055	繫年062
繫年034	繫年035	繫年038	繫年040	繫年047	繫年051	繫年057	繫年062
繫年034	繫年035	繫年038	繫年041	繫年048	繫年053	繫年057	繫年066
繫年034	繫年036	繫年038	繫年041	繫年048	繫年053	繫年058	繫年066
繫年035	繫年037	繫年038	繫年043（重）	繫年050	繫年054	繫年058	繫年067

繫年 070	繫年 075	繫年 078	繫年 086	繫年 089	繫年 092	繫年 098	繫年 101
繫年 072	繫年 075	繫年 078	繫年 086	繫年 090	繫年 093	繫年 099	繫年 103
繫年 072	繫年 075	繫年 079	繫年 086	繫年 090	繫年 094	繫年 099	繫年 105
繫年 072	繫年 076	繫年 085	繫年 087	繫年 091	繫年 094	繫年 099	繫年 108
繫年 074	繫年 078	繫年 085	繫年 087	繫年 091	繫年 095	繫年 100	繫年 108
繫年 074	繫年 078	繫年 086（重）	繫年 087	繫年 092	繫年 096	繫年 100	繫年 108（重）

202 公

- 繫年109
- 繫年109
- 繫年110
- 繫年110
- 繫年111
- 繫年112
- 繫年113
- 繫年113
- 繫年113
- 繫年114
- 繫年114
- 繫年115
- 繫年119
- 繫年119
- 繫年119
- 繫年120
- 繫年120
- 繫年121
- 繫年124
- 繫年124
- 繫年126
- 繫年126
- 繫年129
- 繫年133
- 繫年134
- 繫年135
- 說命上07
- 琴舞01
- 琴舞01（背）
- 芮良夫01（背）
- 良臣04
- 良臣04
- 良臣04
- 良臣06
- 良臣06
- 良臣07
- 良臣08
- 良臣08
- 良臣09

202 必

- 保訓03
- 繫年024
- 繫年027
- 芮良夫11

202

余

尹至01

尹至02

耆夜05

金縢11

金縢12

祭公01

祭公01

祭公02

祭公02

祭公02

祭公08

祭公09

祭公20

説命上03

説命中07

説命下02

説命下02

説命下02

説命下03

説命下04

説命下07

説命下08

説命下09

説命下09

琴舞05

芮良夫09

赤鵠04

繫年075

繫年076

繫年129

皇門02

皇門10

皇門12

皇門13

皇門13

皇門13

繫年078

良臣05

舍

繫年007
重見208
重見539

202	203	203	205	205		205	207
				［犢］			
	采	料	牛	犨		輴	告
[illegible]	 祝辭 01	 尹至 05	 繫年 122	 繫年 128	偉	 楚居 04	 尹至 04
 繫年 018 重見 332	 祝辭 01				 繫年 127 重見 801		 尹誥 02
 繫年 034							 程寤 02
 繫年 076							 程寤 02
							 金縢 01
							 金縢 03

	208	208	208	208	208		
				［嗌］			
	君	名	味	蕬	口		
 繫年 027	 耆夜 10	 程寤 02	 程寤 05	 楚居 04	 說命中 06	 說命中 07	 金縢 07
 繫年 031	 耆夜 12	 保訓 06		 說命下 03		 琴舞 03	 皇門 13
 繫年 031	 繫年 007	 楚居 09		 良臣 01		 芮良夫 04	 祭公 02
 繫年 034	 繫年 008	 繫年 001				 芮良夫 08	 繫年 027
 繫年 047	 繫年 025						 繫年 046
 繫年 050	 繫年 025						 繫年 114

208 君					208 命		
繫年050	繫年130	琴舞01	芮良夫13	良臣04	芮良夫21	赤鵠11	金縢04
繫年052	繫年133	芮良夫02	芮良夫14		良臣05	赤鵠12	金縢06
繫年075	繫年135	芮良夫02	芮良夫17		良臣05	保訓09	金縢11
繫年095	繫年135	芮良夫05	芮良夫27		赤鵠01	保訓10	金縢13
繫年104	繫年135	芮良夫06	良臣04		赤鵠07	保訓11	皇門04
繫年127	繫年137	芮良夫09	良臣04		赤鵠08	耆夜02	皇門04

208

唯

祭公21
繫年023
繫年043
繫年047
繫年050
繫年052

繫年066
繫年075
繫年078
繫年085
繫年096
繫年097（重）

繫年105
繫年111
繫年114
繫年116
繫年133
繫年137

說命上01
說命上04
說命上07
說命上07（背）
說命中07（背）
說命下02

說命下02
程寤03
繫年027
繫年028
祭公03
祭公05

祭公10
祭公12
祭公13
祭公13
繫年028
說命中01

說命下09
說命下10
琴舞10
芮良夫15
芮良夫28

說命下04

208	208	208	208	208			208
吉	啻	咸	台	哉			和
尹至01	芮良夫08	尹至03	繫年005	楚居03	芮良夫20	繫年003	程寤08
尹至02		尹誥01	繫年005		良臣01	繫年123	程寤08
尹誥04		保訓06				芮良夫08	耆夜04
程寤03						芮良夫11	皇門04
程寤04						芮良夫12	祭公07
說命上05						芮良夫18	繫年003

208 周

說命中07
說命中07

程寤05（重）
程寤06
程寤07
繫年001
耆夜02
耆夜04

耆夜06
耆夜07
耆夜09
金縢01
金縢01
金縢02

金縢02
金縢05
金縢07
金縢08
金縢08
金縢09

金縢10
金縢14（背）
金縢14（背）
祭公04
祭公04
祭公06

祭公07
祭公10
祭公13
祭公14
祭公21
繫年002

繫年004
繫年005
繫年007
繫年008
繫年008
繫年009

繫年013
繫年015
繫年015
繫年016
繫年016
繫年016

208	208	208		208			208
各	吝	吁		[illegible]			周
 尹至01	 皇門12	 楚居14	 說命下05	 耆夜03	 程寤01	 繫年125	 繫年017
 耆夜08		 楚居14	 赤鵠10	 耆夜04	 良臣04	 繫年125	 繫年017
 祭公17		 祝辭02		 耆夜06	 良臣08	 琴舞01	 繫年017
 繫年104				 耆夜08		 琴舞01（背）	 繫年018
 說命中02				 皇門11		 芮良夫01	 繫年044
 芮良夫01				 繫年109		 芮良夫01（背）	 繫年124

	208	208		208		208	
	否	哀		訇		⿰口甹	
 芮良夫10	 芮良夫03	 繫年023	⿱宀哀	 楚居07	 繫年039	 皇門01	 繫年086
 芮良夫18		 繫年023	 祭公01 重見1039	 繫年004	 繫年049	 楚居02	 繫年087
 芮良夫21		 繫年024	 祭公07	 繫年008	 繫年079	 繫年018	 繫年088
		 繫年025	 芮良夫23	 繫年009	 繫年108	 繫年058	
		 繫年026		 繫年012	 繫年112	 繫年066	
		 良臣08		 繫年016	 赤鵠15	 繫年078	

208	208	208	208	208	208	208	208
⿱毋口	⿱己口	⿱丙口	⿱亞口	⿱凡口	舍	⿱後口	時
 繫年 050 重見 312	 繫年 027 重見 1429	 繫年 138 重見 1426	 楚居 03 重見 507	 金縢 13 重見 1313  芮良夫 09 重見 1313	 繫年 007 重見 202 重見 539	 良臣 05 重見 220	 程寤 05 重見 345

208	210	210	210	210	211	212	212
		［單］			［喪］		［越］
喜	巖	單	咢	器	㞷	走	越
 芮良夫 23 重見 559	 楚居 06	 繫年 064	 楚居 06  祝辭 03  祝辭 04  祝辭 05	 皇門 01	 尹至 02 重見 111  祭公 03  祭公 16	 繫年 006  繫年 072	 尹至 01

212	212				212	212	212
	起				⿺走巸	⿺走亘	⿺走舟
邔	 繫年 006	记	 繫年 131	 繫年 038	 琴舞 05	 繫年 020	 耆夜 10
 説命中 04 重見 624	 繫年 028	 金縢 13 重見 219	 説命中 06	 繫年 054		 繫年 111	
 説命下 03	 繫年 089	 祭公 20	 芮良夫 17	 繫年 084		 繫年 119	
	 繫年 098	 楚居 10	 赤鵠 10			 繫年 126	
		 楚居 13	 繫年 019				
		 楚居 16	 繫年 025				

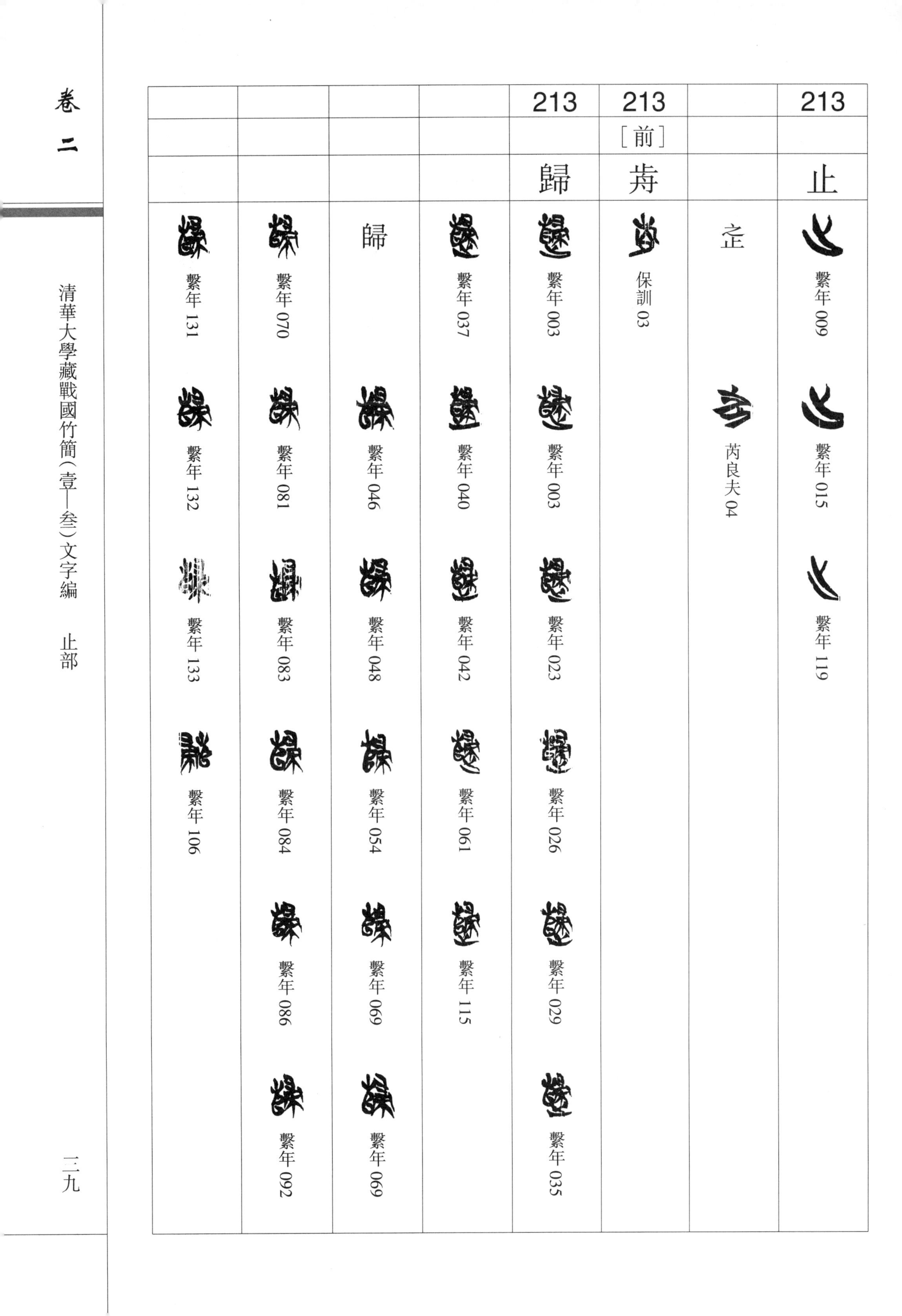

字	字形出處
213 止	繫年009；繫年015；繫年119
辸	芮良夫04
213 ［前］ 歬	保訓03
213 歸	繫年003；繫年003；繫年023；繫年026；繫年029；繫年035
	繫年037；繫年040；繫年042；繫年061；繫年115
歸	繫年046；繫年048；繫年054；繫年069；繫年069
	繫年070；繫年081；繫年083；繫年084；繫年086；繫年092
	繫年131；繫年132；繫年133；繫年106

213		213	213	213	213	213	213
		⿱聿止	⿰爿止	⿱來止	⿱無止	⿱召止	⿱亟止
⿰彳帚  繫年 086 重見 220	⿺辶帚  尹誥 03 重見 219	 芮良夫 12 重見 221	 繫年 011	 繫年 025 重見 554	 琴舞 01 重見 557	 芮良夫 23	 芮良夫 05（重） 重見 1313

213	213	213	213	213	213	213	213
⿱上止	⿱丞止	⿱复止	⿱首止	⿸尸⿱彡止	⿰彳⿱亶止	⿰木⿱目止	⿱⿱千田止

祭公12 重見102	芮良夫14 重見332	尹誥02 重見220	繫年069 重見219	繫年057 重見219	繫年018 重見223	説命中03 重見402	説命上02 重見714

214 登

良臣10

215 ［歲］ 戠

者夜09

者夜12

者夜13

金縢09

金縢13

繫年028

繫年072

繫年088

繫年089

繫年102

繫年129

繫年129

繫年132

芮良夫23

216 此

繫年052

芮良夫04

芮良夫07

芮良夫21

217 正

皇門01

皇門04

皇門11

繫年002

繫年007

217 乏

程寤07

217 童

保訓02

218

是

者夜 11

者夜 13（殘）

者夜 14

金縢 04

金縢 09

金縢 13

皇門 04

皇門 05

皇門 08

皇門 08

皇門 09

皇門 11

皇門 11

皇門 11

皇門 11

祭公 13

繫年 004

繫年 005

繫年 007

繫年 015

繫年 021

繫年 023

繫年 029

繫年 059

繫年 074

繫年 082

繫年 083

繫年 107

繫年 126

説命上 04

説命上 05

説命上 06

説命上 06

琴舞 08

琴舞 10

琴舞 15

芮良夫 28

赤鴼 06

赤鴼 08

赤鴼 09

赤鴼 12

赤鴼 13

赤鴼 15

218	219	219	219	219			
［躂］							
⿱壴辵	徒	⿺辶正	⿺辶且	述			⿰亻朮
說命上05 重見1039	程寤06	尹至05	芮良夫06	保訓01	繫年063	繫年101	
	繫年057	耆夜01		繫年019	繫年065	繫年112	良臣04
				繫年043	繫年079	繫年124	
				繫年044	繫年083	繫年138	
				繫年054	繫年091		
				繫年061	繫年098		

219		219	219	219	219	219	219
这		逆	速	逾	造	進	适
 繫年128  繫年129  繫年130	 繫年107	 金縢09  金縢12  金縢12  楚居01  楚居03  繫年009	 耆夜04  耆夜06	 繫年131  繫年133	 繫年091	 芮良夫23	 良臣03  良臣03

219	219		219		219	219	219
	[遷]				[遲]		
遇	䙴		還		逹	逗	違
 繫年 047	 繫年 014	䙴	 耆夜 01	 繫年 136	 楚居 02	 繫年 112	 程寤 05
	 繫年 015	 繫年 020	 繫年 028	 繫年 138			
	 繫年 017	 繫年 022	 繫年 062				
	 繫年 018		 繫年 087				
	 繫年 091		 繫年 117				
			 繫年 129				

219	219	219	219	219		219	
達	迥	迷	連	遺		逃	
 皇門03	 繫年079	 皇門11	 繫年076	 尹至05	 良臣08	 繫年014	 繫年092
 皇門11	 繫年108		 繫年076	 金縢08		 繫年037	 繫年130
 芮良夫28（殘）	 繫年115		 繫年081	 皇門12		 繫年061	 赤鵠05
	 說命下05			 祭公14		 繫年069	
				 楚居14		 繫年079	
				 楚居16		 繫年081	

219	219	219		219		219	
［遯］							
⿱豚𣪊	追	逐		遠		道	
 繫年 117 重見 942	 保訓 08	 繫年 093  説命下 03	迖  繫年 006  繫年 122  琴舞 09	 尹誥 03  程寤 05  保訓 05  皇門 06  皇門 10  説命中 05	 説命下 02  芮良夫 10  楚居 02	 程寤 09  繫年 066  芮良夫 17	⿱首止  繫年 069 重見 213  繫年 070

219	219	219	219	219	219	219	219
⿺辶复	⿺辶東	⿺辶殳	⿺辶禹	⿺辶奉	⿺辶兹	⿺辶凡	⿺辶童
 保訓 08 重見 220	 保訓 03 重見 801	 耆夜 10 重見 342	 金縢 03	 祭公 19 重見 1211	 祭公 06	 程寤 07	 金縢 12  祭公 11  繫年 115

219	219	219					
		［徙］					
迈	遘	遷					
 耆夜11（重）	 楚居01	 楚居02	 楚居07	 楚居09	 楚居10	 楚居13	 楚居14
		 楚居04	 楚居07	 楚居09	 楚居10	 楚居13	 楚居15
		 楚居05	 楚居07	 楚居09	 楚居11	 楚居13	 楚居15
		 楚居06	 楚居08	 楚居09	 楚居12	 楚居13	 楚居15
		 楚居06	 楚居08	 楚居10	 楚居12	 楚居14	 楚居16
		 楚居07	 楚居08	 楚居10	 楚居12	 楚居14	 楚居16

219	219	219	219	219	219		
逃	返	逨	违	逿	迱		
 繫年 023	 尹至 02 重見 332	 尹至 01 重見 554	 尹至 04 重見 220	 尹誥 03 重見 213	 楚居 05	壘	 繫年 009
				 金縢 05	 楚居 05	 繫年 057 重見 213	 繫年 039

219	219		219	219	219	219	219
	[適]		[逸]				
遊	适		娩	遳	洛	记	逭
 繫年 029	 繫年 036	 繫年 075	 耆夜 02 重見 1006	 繫年 054	 繫年 058 重見 226	 金縢 13 重見 212	 繫年 069
 繫年 129	 繫年 036	 繫年 079					
 繫年 134	 繫年 037	 繫年 079					
 繫年 135	 繫年 037	 繫年 108					
	 繫年 037						
	 繫年 070						

219	219	219	219	219	219	219	219
退	𨓏	进	遺	遂	𨘢	波	逆

芮良夫23 重見220	芮良夫06	說命下09	說命上05	說命上05 重見226	繫年131	繫年088	繫年081

219	220						220
	［復］						［往］
逝	復						進
 琴舞 05	 保訓 08 重見 219	 楚居 12	 芮良夫 05	 繫年 102	⿺辶⿱𠂉日	⿱复止	 尹至 04 重見 219
	 耆夜 06	 楚居 13	 繫年 047	 繫年 104	 金縢 08	 尹誥 02 重見 213	 赤鵠 01
	 金縢 13	 楚居 14	 繫年 068	 繫年 106			 赤鵠 09
	 皇門 05	 楚居 15	 繫年 084	 繫年 116			
	 祭公 13（殘）	 楚居 15	 繫年 094	 繫年 133			
	 楚居 08	 琴舞 16	 繫年 095	 繫年 134			

220
［復］
退

芮良夫23
重見219

220
［後］
逡

程寤09
（重）

皇門07

繫年090

繫年132

祭公14

耆夜04

耆夜06

金縢06

金縢08

琴舞07

芮良夫05

⿱後口

良臣05
重見208

良臣09

220
［得］
㝵

保訓06

金縢08

金縢10

說命上02

芮良夫23

赤鵠15

楚居02

繫年046

繫年075
（訛）

220
御

繫年015

繫年048

⿰馬支

繫年058
重見1001

繫年121

220	220	220	220	221	221		223
		［隨］					
	得	⿰彳叕	⿰彳歸	廷	建		行
⿰牛戈	 祝辭05	 祝辭03 重見1411	 繫年086 重見213	 程寤01	 繫年018	⿱聿止	 程寤07
 芮良夫01 重見1221				 程寤01	 繫年120	 祭公13	 耆夜09
 赤鵠15				 皇門05		 芮良夫12 重見213	 耆夜10
				 繫年051		 芮良夫21	 皇門13
							 楚居03
							 繫年051

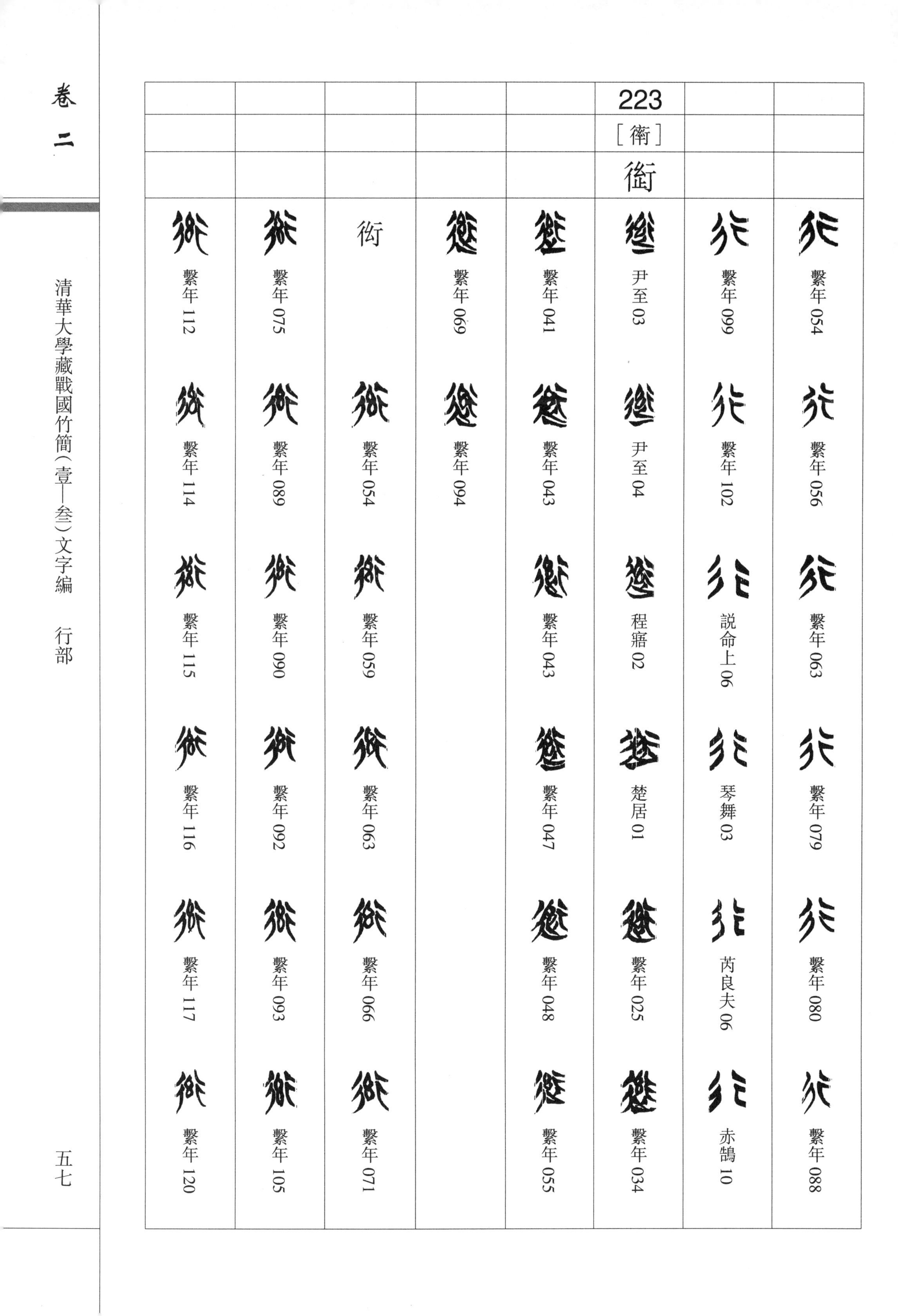

223

［衛］

衙

繫年054
繫年056
繫年063
繫年079
繫年080
繫年088

繫年099
繫年102
說命上06
琴舞03
芮良夫06
赤鵠10

尹至03
尹至04
程寤02
楚居01
繫年025
繫年034

繫年041
繫年043
繫年043
繫年047
繫年048
繫年055

繫年069
繫年094

衙
繫年054
繫年059
繫年063
繫年066
繫年071

繫年075
繫年089
繫年090
繫年092
繫年093
繫年105

繫年112
繫年114
繫年115
繫年116
繫年117
繫年120

225	225	223			223		223
	［牙］						
⿰牙㬎	⿱牙臼	衞			衛		
繫年 054	良臣 04	繫年 049	繫年 019（重）	⿴行壴	繫年 021	繫年 133	繫年 126
			繫年 037（重）	繫年 018 重見 213	繫年 021	繫年 134	繫年 127
			繫年 042	繫年 018	繫年 124	繫年 134	繫年 129
			繫年 043	繫年 018		繫年 137	繫年 129
				繫年 019			繫年 130
				繫年 019			繫年 130

228		227	226	226	226	226	226
				［路］	［踐］		
品		疋	⿰足欠	洛	遂	踵	足
繫年 138	芮良夫 18 芮良夫 18 芮良夫 18 芮良夫 18 良臣 07	皇門 07 皇門 07 芮良夫 09 芮良夫 09 芮良夫 09 芮良夫 09	程寤 09	繫年 058 重見 219 繫年 079 繫年 108 赤鵠 06	説命上 05 重見 219	祝辭 05	保訓 11

229	230	230					
龠	冊	嗣					
 良臣06	 金縢02	 皇門07  祭公13（殘）					

301		301	302	305	306	306	
囂		器	[illegible]	只	㕯	商	
楚居06	繫年114	芮良夫25（殘）	楚居07	楚居05	耆夜12	程寤01	程寤07
楚居06	繫年116				耆夜13	程寤03	繫年001
楚居07	芮良夫07				芮良夫20	程寤03	繫年002
楚居09	芮良夫23					程寤05	繫年013
楚居10						程寤05	繫年014
繫年029						程寤05	繫年014

306 商

繫年014
繫年014
繫年017
繫年039
祭公07
祭公14

芮良夫08

307 句

尹至01
尹至02
尹誥02
尹誥03
皇門03
祭公13

祭公16
繫年034
繫年110
繫年113
繫年113
琴舞17

良臣07
祝辭01
赤鵠02
赤鵠02
赤鵠06
赤鵠07

赤鵠07
赤鵠08
赤鵠08
赤鵠08
赤鵠08
赤鵠09

赤鵠09
赤鵠10（重）
赤鵠10
赤鵠11
赤鵠11
赤鵠12

赤鵠12
赤鵠12
赤鵠12
赤鵠13
赤鵠13
赤鵠13

	307	309	309	310		310	311
							［世］
	咼	古	⿰古虘	十		千	殜
 赤鵠13	 祭公13	 繫年024	 祭公15	 繫年003	 繫年096	 繫年002	 繫年010 重見434
 赤鵠14	 祭公14	 繫年055		 繫年018	 繫年106	 繫年004	
	 祭公18	 繫年059		 繫年036	 繫年108	 繫年137	
		 琴舞04		 繫年061	 繫年109		
		 芮良夫13		 繫年074	 繫年111		
				 繫年096			

編號	字頭	出處
312	言	尹誥03、尹誥04、程寤06、保訓06、金縢06、金縢07、金縢11、皇門03（殘）、皇門08、祭公15、祭公21、說命中02、說命下02、琴舞06、芮良夫10、芮良夫23、芮良夫25、芮良夫25、芮良夫25、芮良夫26、祝辭03、祝辭04、祝辭05、赤鵠06、赤鵠07、赤鵠14
312	語	芮良夫12
312	請	琴舞13
312	許	繫年087

312	312	312	312	312	312		
		［讀］			［謀］		
膺	誦	諱	啇	訓	⿱母口		
皇門09	耆夜08	芮良夫17	祭公14	皇門08	繫年050 重見208	⿱母心	琴舞01
	耆夜09			保訓01		程寤09 重見1039	芮良夫03
	芮良夫13			保訓03		耆夜07	芮良夫11
				楚居06		祭公05	芮良夫18
				繫年024		祭公09	芮良夫18
				繫年078		祭公16	芮良夫25

312	312	312	312	312	312		312	312
	［訊］	［信］		［詔］				
訪	⿰亻䌛	⿰言千	諱	詈	詷		訖	
 皇門 08	 説命上 03 重見 801  赤鵠 07  赤鵠 10	 金縢 11	 保訓 05	 程寤 02	 保訓 03	⿰言卲  祭公 09	 琴舞 03  琴舞 16	

312	312	312	312	312	312	312	312
［讒］							
⿰言蚩	詆	訶	讀	訿	詿	䜌	詣
 繫年 031  繫年 031	 説命中 07	 耆夜 03 重見 834  耆夜 05  耆夜 06  耆夜 10  繫年 094  繫年 095	 芮良夫 03	 芮良夫 03	 芮良夫 27	 繫年 043  繫年 094	 保訓 04  保訓 05  芮良夫 25

312	312		312	312	312	312	312
⿰言屰	⿰言攵		⿰言卸	⿰言彔	詅	訯	
 保訓06（訛）	 祭公01	設	 金縢05	 耆夜02	 皇門09	 皇門07（重）	讄
		 祭公16	 金縢05				 繫年081

312	312		312	312	312	312	312
諻	詾		訋	誘	爿言	言比	言必
 繫年 074	 皇門 08 重見 1432	訇	 繫年 037	 繫年 027 重見 925	 繫年 070	 芮良夫 19	 說命下 07
 繫年 075		 繫年 028 重見 1432				 芮良夫 20	 芮良夫 02
						 芮良夫 28	

312	312	312	312	312	313		313
謔	詮	諮	訳	訞	善		競
 琴舞 14（重）	 琴舞 06	 芮良夫 04	 説命下 07	 芮良夫 19	 皇門 10（重）  繫年 036  繫年 036  繫年 036  繫年 037  繫年 037	 芮良夫 17	 楚居 12  繫年 066  繫年 072  繫年 072  繫年 081  繫年 082

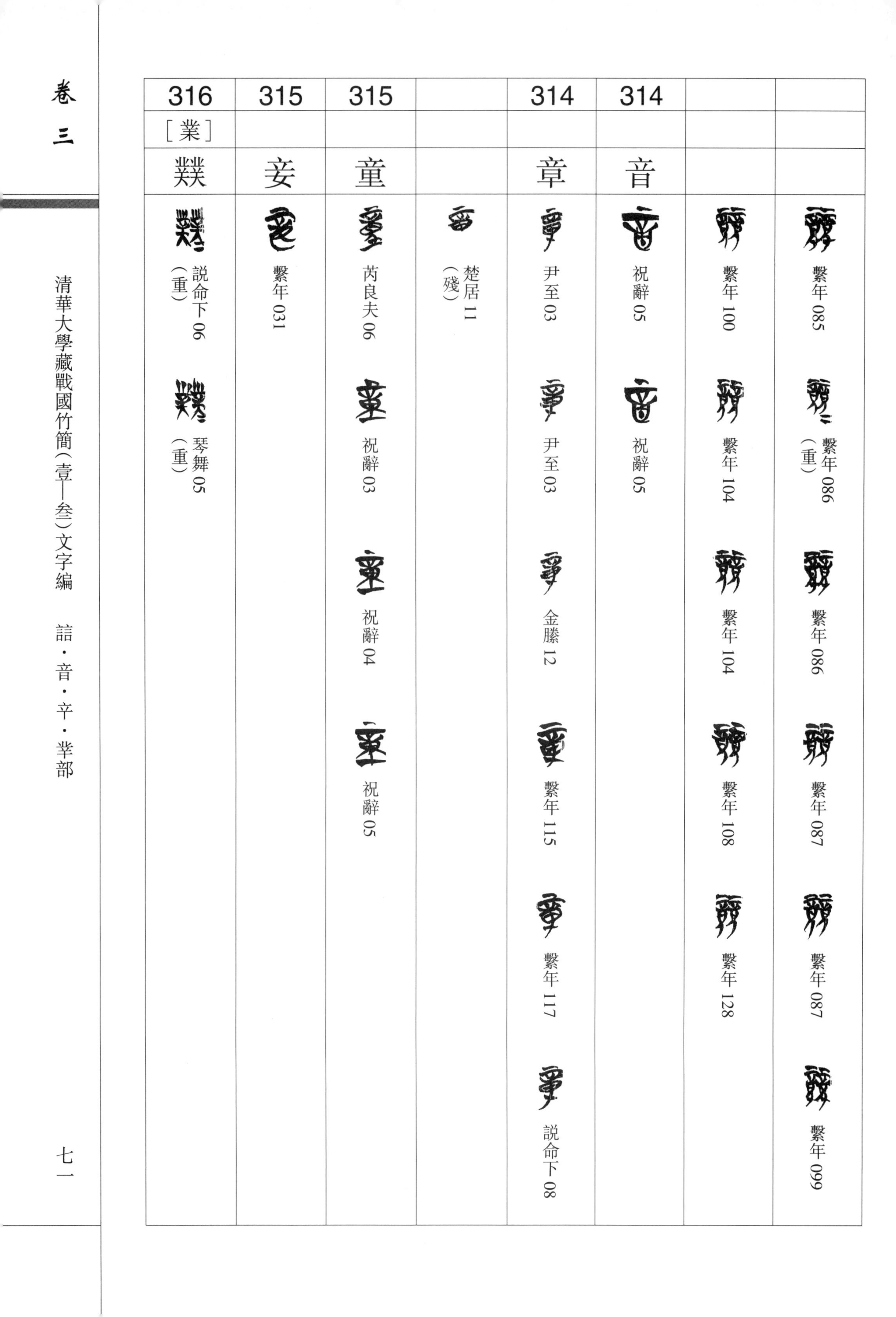

316	315	315		314	314		
［業］							
⿰⿱业夫⿱业夫	妾	童		章	音		
説命下06（重）	繫年031	芮良夫06	楚居11（殘）	尹至03	祝辭05	繫年100	繫年085
琴舞05（重）		祝辭03		尹至03	祝辭05	繫年104	繫年086（重）
		祝辭04		金縢12		繫年104	繫年086
		祝辭05		繫年115		繫年108	繫年087
				繫年117		繫年128	繫年087
				説命下08			繫年099

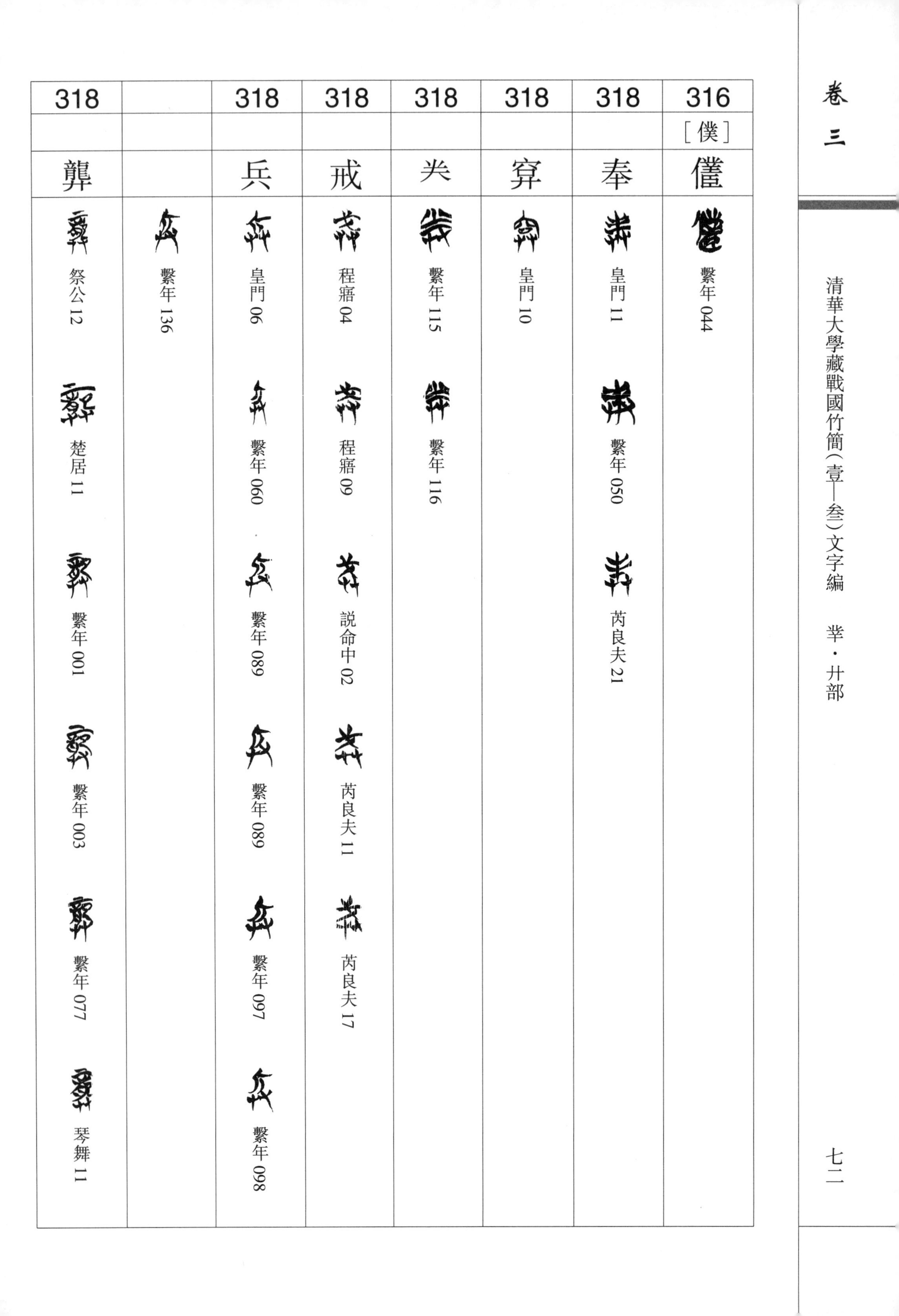

316	318	318	318	318	318		318
［僕］							
僮	奉	穽	关	戒	兵		龏
繫年 044	皇門 11	皇門 10	繫年 115	程寤 04	皇門 06	繫年 136	祭公 12
	繫年 050		繫年 116	程寤 09	繫年 060		楚居 11
	芮良夫 21			說命中 02	繫年 089		繫年 001
				芮良夫 11	繫年 089		繫年 003
				芮良夫 17	繫年 097		繫年 077
					繫年 098		琴舞 11

322	321	320	319	318	318		
			［樊］	［弁］			
與	異	共	𤕘	覍	具		
 尹誥01	 繫年105	 皇門02	 楚居05 重見603	 金縢10 重見828	 芮良夫15	⿱竟廾	 琴舞12
 金縢05		 皇門04	 楚居08（重）			 繫年090	 芮良夫03
 金縢05		 祭公18	 楚居10（重）				 芮良夫18
 楚居04		 繫年128					
 繫年006		 赤鵠08					
 繫年026		 赤鵠12					

322

與

繫年 048
繫年 049
繫年 060
繫年 067
繫年 071
繫年 076

繫年 077
繫年 081
繫年 084
繫年 086
繫年 101
繫年 105

繫年 105
繫年 109
繫年 109
繫年 110
繫年 111
繫年 111

繫年 112
繫年 117
繫年 118
繫年 120
繫年 120
繫年 120

繫年 122
繫年 123
繫年 128
繫年 128
繫年 128
繫年 129

繫年 130
繫年 131
繫年 132
繫年 134
繫年 135
芮良夫 11

芮良夫 26
芮良夫 26
良臣 08
赤鵠 07
赤鵠 11
赤鵠 13

赤鵠 14

328	327	327	326	325	323	322	322
［鬻］	［融］					［舉］	
⿱䍃皿	⿰鬲蟲	鬲	⿱臼革	釁	要	⿱與止	興
 赤鵠01  赤鵠02  赤鵠02  赤鵠03  赤鵠05	 説命下02 重見547 重見1306	 保訓01  保訓04  芮良夫03	 耆夜05 重見438	 繫年011  繫年012	 繫年077  繫年077	 祭公21	 程寤04  皇門06  繫年013

329	329						
乎	爲						
繫年005	耆夜01	金縢01	楚居04	楚居11	繫年023（重）	繫年048	繫年060
繫年005	耆夜01	金縢02	楚居08（重）	楚居12	繫年024	繫年049	繫年063
繫年005	耆夜02	金縢02	楚居10	楚居13	繫年026	繫年055	繫年071
說命中03	耆夜02	金縢06	楚居11	楚居13	繫年029	繫年057	繫年078
	耆夜02	金縢10	楚居11	楚居14	繫年031	繫年057	繫年080
	耆夜02	皇門11	楚居11	楚居15	繫年035	繫年059	繫年082

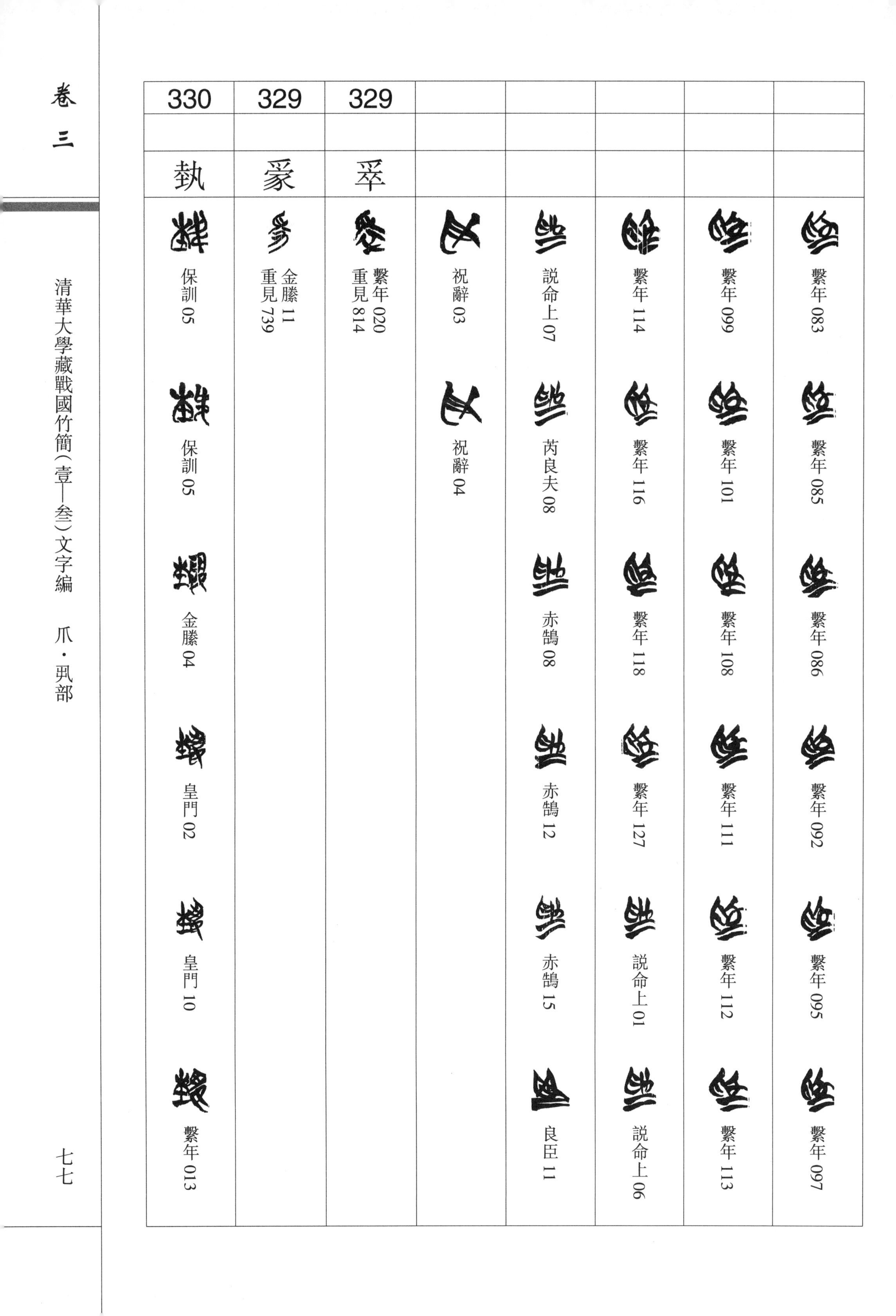

330	329	329					
執	豙	孚					
保訓05	金縢11 重見739	繫年020 重見814	祝辭03	說命上07	繫年114	繫年099	繫年083
保訓05			祝辭04	芮良夫08	繫年116	繫年101	繫年085
金縢04				赤鵠08	繫年118	繫年108	繫年086
皇門02				赤鵠12	繫年127	繫年111	繫年092
皇門10				赤鵠15	說命上01	繫年112	繫年095
繫年013				良臣11	說命上06	繫年113	繫年097

330	330	332					
埶	⿰其丮	又					
繫年017	繫年081	尹至01	尹至05	保訓08（重）	耆夜09	皇門01	皇門04
說命中03		尹至01	尹誥01	保訓10	金縢01	皇門02	皇門05
		尹至02	尹誥01	保訓10	金縢03	皇門02	皇門06
		尹至02	尹誥03	耆夜07	金縢04	皇門03	皇門09
		尹至03	程寤06	耆夜07	金縢13	皇門03	皇門10
		尹至03	保訓05	耆夜09	金縢14（背）	皇門04	皇門10

皇門11	楚居02	繫年061	繫年108	說命下05	琴舞07	琴舞12	芮良夫10
祭公02	繫年003	繫年074	繫年109	說命下06	琴舞07	琴舞14	芮良夫11
祭公05	繫年004	繫年096	繫年111	說命下10	琴舞07	琴舞14	芮良夫11
祭公07	繫年008	繫年096	繫年122	琴舞03	琴舞09	芮良夫01	芮良夫12
祭公15	繫年019	繫年102	說命下02	琴舞04	琴舞11	芮良夫04	芮良夫13
祭公21	繫年036	繫年106	說命下05	琴舞06	琴舞12	芮良夫07	芮良夫14

332

又

芮良夫16	良臣01	良臣02	良臣03	良臣04	良臣05	良臣06	良臣07
芮良夫18	良臣01	良臣02	良臣03	良臣04	良臣05	良臣06	良臣07
芮良夫21	良臣01	良臣02	良臣03	良臣04	良臣05	良臣06	良臣08
芮良夫24	良臣01	良臣02	良臣03	良臣04	良臣05	良臣06	良臣08
芮良夫25	良臣02	良臣02	良臣03	良臣04	良臣05	良臣07	良臣08
良臣01	良臣02	良臣03	良臣03	良臣04	良臣06	良臣07	良臣09

332	332		332		332		
	［燮］						
曼	燮		父		右		
祭公 06	耆夜 05 重見 1014 繫年 089 說命中 03 芮良夫 13 芮良夫 14	良臣 03	皇門 12 祭公 03 祭公 09 繫年 063 繫年 082 芮良夫 27	琴舞 12	皇門 05 繫年 056 繫年 057 繫年 088 繫年 135 說命上 03	赤鵠 06 赤鵠 14	良臣 09 良臣 09 良臣 11 祝辭 01 祝辭 01 赤鵠 01

332				332		332	
				［戲］			
尹				虘		及	
尹至01	繫年043	繫年097（重）	君	耆夜05 重見525	祝辭04	程寤03	楚居06
尹至01	繫年076	繫年111	良臣02	繫年015	祝辭05	楚居02	芮良夫14
尹至04	繫年076	繫年135	良臣05	繫年087		楚居05	繫年007
尹至04	繫年081		良臣05 重見438	繫年102		楚居06	繫年029
尹誥01	繫年085			說命中05		楚居06	繫年032
尹誥01	繫年096			祝辭03		楚居06	繫年041

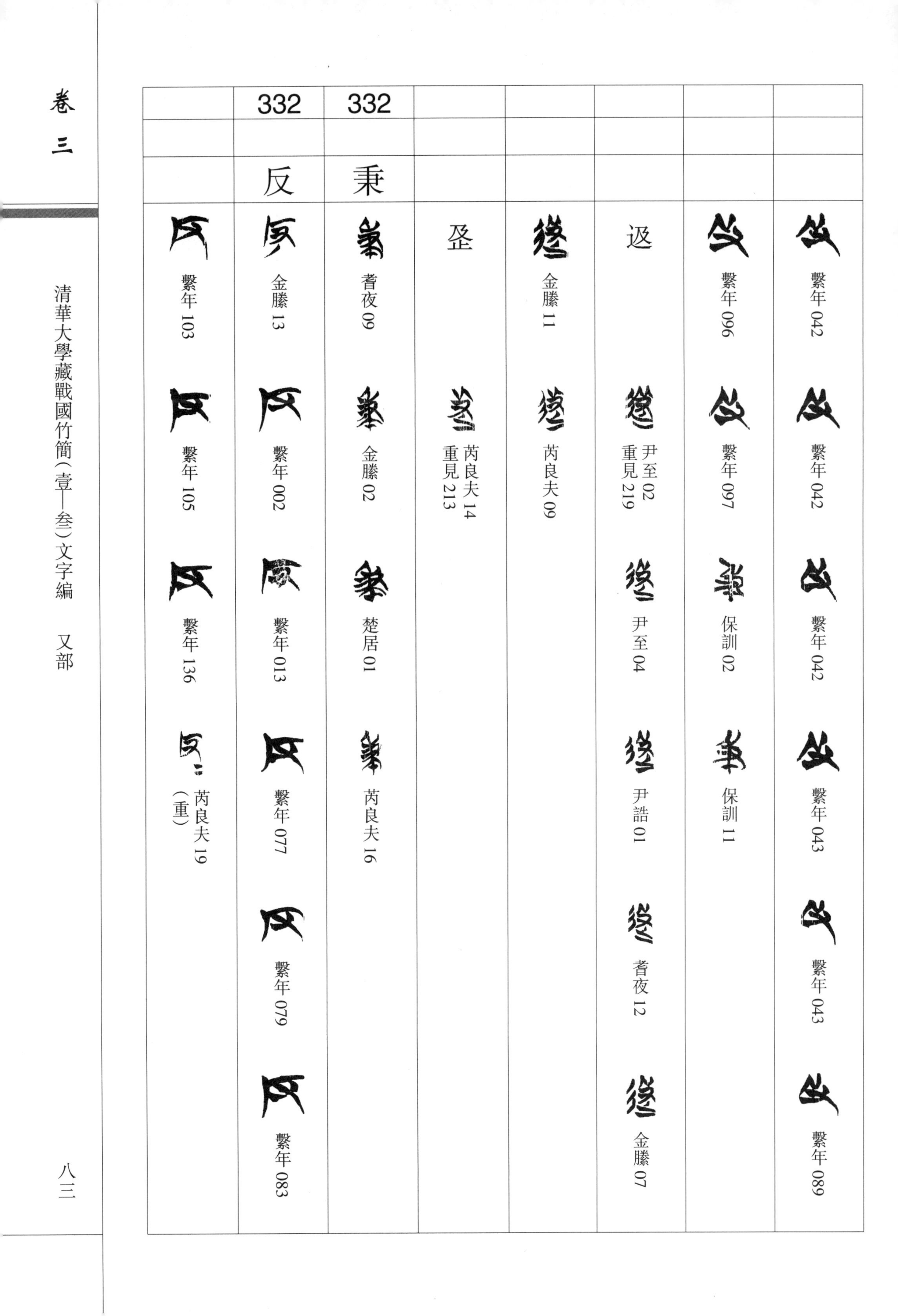

					332	332	
					秉	反	
繫年042	繫年096	返	金縢11	⿱及止	耆夜09	金縢13	繫年103
繫年042	繫年097	尹至02 重見219	芮良夫09	芮良夫14 重見213	金縢02	繫年002	繫年105
繫年042	保訓02	尹至04			楚居01	繫年013	繫年136
繫年043	保訓11	尹誥01			芮良夫16	繫年077	芮良夫19（重）
繫年043		耆夜12				繫年079	
繫年089		金縢07				繫年083	

332			332		332	332	332
					［友］		
取			叚		沓	曼	复
 程寎 01	 繫年 047	㕛	 皇門 06	 琴舞 04	 尹誥 02 重見 701	 繫年 066 重見 1405	 尹誥 02 重見 801
 繫年 005	 繫年 074	 繫年 005	 皇門 13		 説命下 10		
 繫年 023	 繫年 076		 祭公 01（殘）				
 繫年 023	 繫年 078		 保訓 08				
 繫年 028			 繫年 058				
 繫年 030			 説命下 09				

332	332	333			334		334
叏	叜	卑			史		事
 程寤06 重見1408	 繫年018 重見202	 程寤02	 皇門09	 芮良夫05	 良臣01	 繫年058（訛） 重見801	 金縢04
		 程寤07	 皇門10	 芮良夫17	 良臣08	 繫年086（訛）	 金縢06
		 程寤08	 皇門13	 良臣10	 繫年024	 繫年087（訛）	 金縢11
		 皇門02	 說命上02	 尹誥03	 金縢02	 繫年087	 皇門01
		 皇門05	 說命下03	 祭公12	 說命上01	 繫年088	 皇門11
		 皇門09	 琴舞02		 繫年046（訛）		 說命上07

334	337	337	338	341			
		［書］					
事	聿	箸	書	臣			
 說命下03	 金縢13	 保訓03 重見501	 說命下06	 皇門02	 芮良夫09	 赤鵠03	 赤鵠05
 琴舞02	 祭公09		 琴舞08	 皇門03	 良臣02	 赤鵠03	 赤鵠06
 芮良夫01	 楚居05			 皇門08	 赤鵠01	 赤鵠03	 赤鵠09
	 繫年131			 皇門12	 赤鵠02	 赤鵠04	 赤鵠10
	 繫年135			 繫年007	 赤鵠02	 赤鵠05	 赤鵠10
	 芮良夫09			 說命下02	 赤鵠02	 赤鵠05	 赤鵠10

	341					342	342
	［臧］						
	⿰爿或					毆	殹
赤鵠11	耆夜04 重見1221	繫年010	繫年063	繫年093	⿰爿貝	繫年057	耆夜05
赤鵠11	耆夜05	繫年010	繫年074	繫年094	芮良夫06 重見623	繫年092	金縢11
赤鵠14	耆夜06	繫年058	繫年074	繫年095			繫年120
	祭公11	繫年059	繫年075	繫年096			說命上03
	祭公16	繫年061	繫年077	繫年099			說命上03
	楚居10	繫年061	繫年091	繫年130			琴舞06

345				343	342	342	342
						［役］	
寺				殺	坙	彸	毆
尹至04	説命上04	繫年075	繫年028	繫年008	祝辭02 重見1211	耆夜10 重見219	芮良夫10
尹至04	説命上05（重）	繫年076	繫年031	繫年011			
保訓09	説命上05	繫年081	繫年032	繫年011			
祭公01	赤鵠03	繫年094	繫年033	繫年013			
祭公02	赤鵠13	繫年095	繫年038	繫年014			
祭公04	赤鵠14	繫年099	繫年059	繫年014			

348	346		345				
啟	皮		専				
繫年009	琴舞05	說命下09	金縢04	時	芮良夫22	說命下08	祭公16
繫年012	芮良夫05	說命下10	祭公05	程寤05 重見208	良臣06	琴舞03	祭公17
繫年020	芮良夫08	琴舞06	祭公18			琴舞12	祭公18
繫年021		說命上07（背）	繫年002			琴舞13	說命中02
繫年029		說命中07（背）	說命上02			琴舞14	說命中07
繫年115		說命下10（背）	說命中01			芮良夫21	說命下06

348		348	348				348
[也攵]							
它攵		政	故				啟
 保訓05	 說命下10	 耆夜03	 說命中02	 琴舞15	 琴舞05	户攵	 繫年116
	 芮良夫14	 祭公19	 赤鵠01	 芮良夫14	 琴舞07	 金縢10	
	 芮良夫18	 繫年002		 芮良夫15	 琴舞08	 說命中03	
	 芮良夫20	 繫年010			 琴舞10	 琴舞01	
	 芮良夫21	 繫年012			 琴舞12	 琴舞02	
		 說命下05			 琴舞13	 琴舞03	

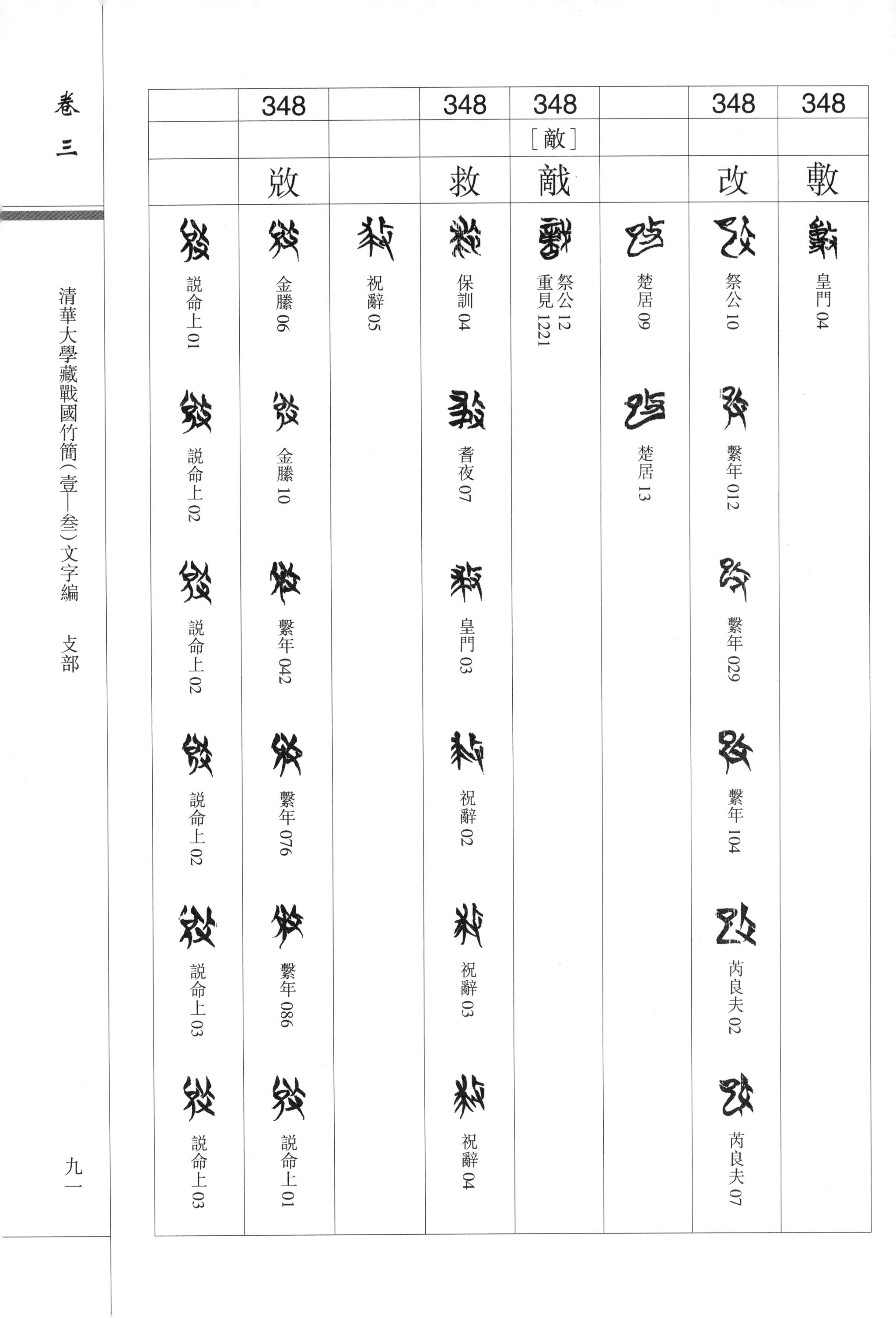

	348		348	348		348	348
				［敵］			
	敚		救	⿰啇戈		改	敷
說命上01	金縢06	祝辭05	保訓04	祭公12 重見1221	楚居09	祭公10	皇門04
說命上02	金縢10		耆夜07		楚居13	繫年012	
說命上02	繫年042		皇門03			繫年029	
說命上02	繫年076		祝辭02			繫年104	
說命上03	繫年086		祝辭03			芮良夫02	
說命上03	說命上01		祝辭04			芮良夫07	

348

敓

- 說命上04
- 說命上05
- 說命上06
- 說命上06
- 說命上07
- 說命上07（背）
- 說命中01
- 說命中01
- 說命中02
- 說命中05
- 說命中07（背）
- 說命下02
- 說命下03
- 說命下04
- 說命下06
- 說命下07
- 說命下08
- 說命下10
- 說命下10（背）
- 琴舞06
- 琴舞09

348

攸

- 繫年087
- 繫年088
- 繫年123

坐

- 祭公07 重見1314
- 琴舞04

348

敗

- 繫年048
- 繫年054
- 繫年065
- 繫年082
- 繫年135

敳

- 尹誥01
- 祭公10
- 祭公14
- 祭公16
- 繫年004

348	348	348	348	348			
				［寇］			
畋	攻	攷	收	寇			
 繫年004  繫年124  繫年126	 程寤03  繫年007  説命上01	 琴舞13	 芮良夫09	 芮良夫01（殘）  芮良夫10	敗  繫年121 重見1221	 繫年090  繫年113  繫年127  芮良夫02  芮良夫17	 繫年019  繫年025  繫年026  繫年044  繫年071  繫年083

348	348	348	348	348	348	348	348
⿰育攵	赦	⿰彖攵	⿰亻攵	⿰𦉫夫攵	⿰嚴攵	⿰豆攵	敔
 耆夜09	 程寤02 重見751	 金縢09	 繫年001	 繫年006	 繫年012	 繫年045	 祝辭03
 繫年003	 程寤02	 金縢14	 繫年004				 祝辭04
 赤鵠13	 程寤02						
 赤鵠14	 程寤02						

348	348	348	348	348	348	348	348
⿰⿱米女攵	⿰土⿰豖攵	⿰夫攵	⿰吉攵	⿰弓攵	⿰東攵	⿰豕攵	玫
 繫年 071  繫年 072  繫年 127	 繫年 116	 芮良夫 06  良臣 02	 説命下 07	 説命上 01	 琴舞 16	 説命上 06	 芮良夫 23

字號	字頭	字形
348	放	 芮良夫11
349	教	 繫年079  繫年083
	敎	 皇門07
	斈	 祭公06 重見1436
350	卜	 金縢01  楚居04  說命上04  說命上05
350	貞	 程寤01
350	占	 程寤02  程寤03
351	用	 程寤07  程寤07  皇門01  皇門04  皇門04  皇門04

				351	353	
				甫	爾	
皇門 04	皇門 06	皇門 11	繫年 132	者夜 02	繫年 011	尔
皇門 05	皇門 06	皇門 11		繫年 105	繫年 012	保訓 11 重見 202
皇門 05	皇門 07	皇門 11			繫年 089	
皇門 06	皇門 08	皇門 12			繫年 097	
皇門 06	皇門 09	繫年 058				
皇門 06	皇門 11	繫年 106				

402	402	402	402			402	402
目	睘	罘	相			眚	瞑
 繫年137  芮良夫04  祝辭04	 繫年019	 皇門12  說命下03  說命下05  芮良夫08	 皇門07  祭公17  楚居02  楚居06  繫年109  繫年110	 芮良夫11  良臣01  良臣09	⿱相止  說命中03 重見213  芮良夫14  芮良夫20  芮良夫22	 程寤08  保訓05  皇門04	 繫年091

403	406						
⿱䀠癸	自						
楚居 10	尹至 01	金縢 10	楚居 06	楚居 09	楚居 14	繫年 061	繫年 108
楚居 10	尹至 05	金縢 14（背）	楚居 07	楚居 10	楚居 15	繫年 067	繫年 112
	尹誥 01	皇門 03	楚居 07	楚居 11	楚居 15	繫年 079	説命上 06
	保訓 01	皇門 10	楚居 07	楚居 12	繫年 018	繫年 079	説命上 07
	保訓 04	祭公 17	楚居 08	楚居 13	繫年 021	繫年 092	説命中 01
	金縢 06	楚居 03	楚居 09	楚居 14	繫年 037	繫年 106	説命中 03

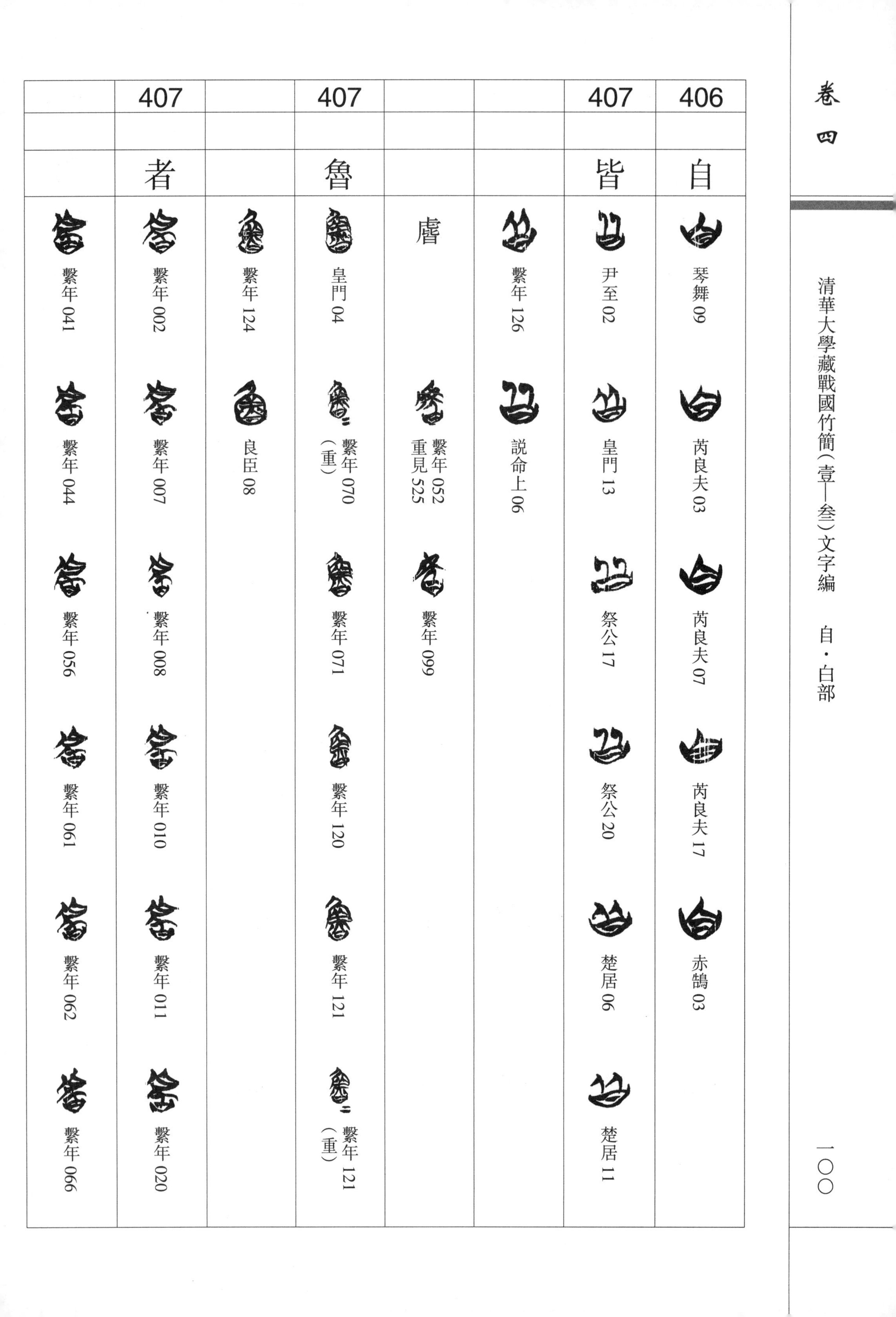

406	407			407		407	
自	皆			魯		者	
琴舞09	尹至02	繫年126	虘	皇門04	繫年124	繫年002	繫年041
芮良夫03	皇門13	說命上06	繫年052 重見525	繫年070（重）	良臣08	繫年007	繫年044
芮良夫07	祭公17		繫年099	繫年071		繫年008	繫年056
芮良夫17	祭公20			繫年120		繫年010	繫年061
赤鵠03	楚居06			繫年121		繫年011	繫年062
	楚居11			繫年121（重）		繫年020	繫年066

繫年067
繫年069
繫年070
繫年085
繫年089
繫年091

繫年092
繫年094
繫年096
繫年097
繫年098
繫年101

繫年103
繫年109
繫年110
繫年119
繫年057
繫年083

繫年086
繫年089
琴舞09
芮良夫25
赤鵠15

407 智

金縢12
祭公03
繫年027
繫年057
芮良夫04
芮良夫11

芮良夫16
赤鵠08
赤鵠11
赤鵠11
赤鵠12

407 百

皇門04
繫年060
說命上01
說命下08
說命下09
芮良夫09

芮良夫18

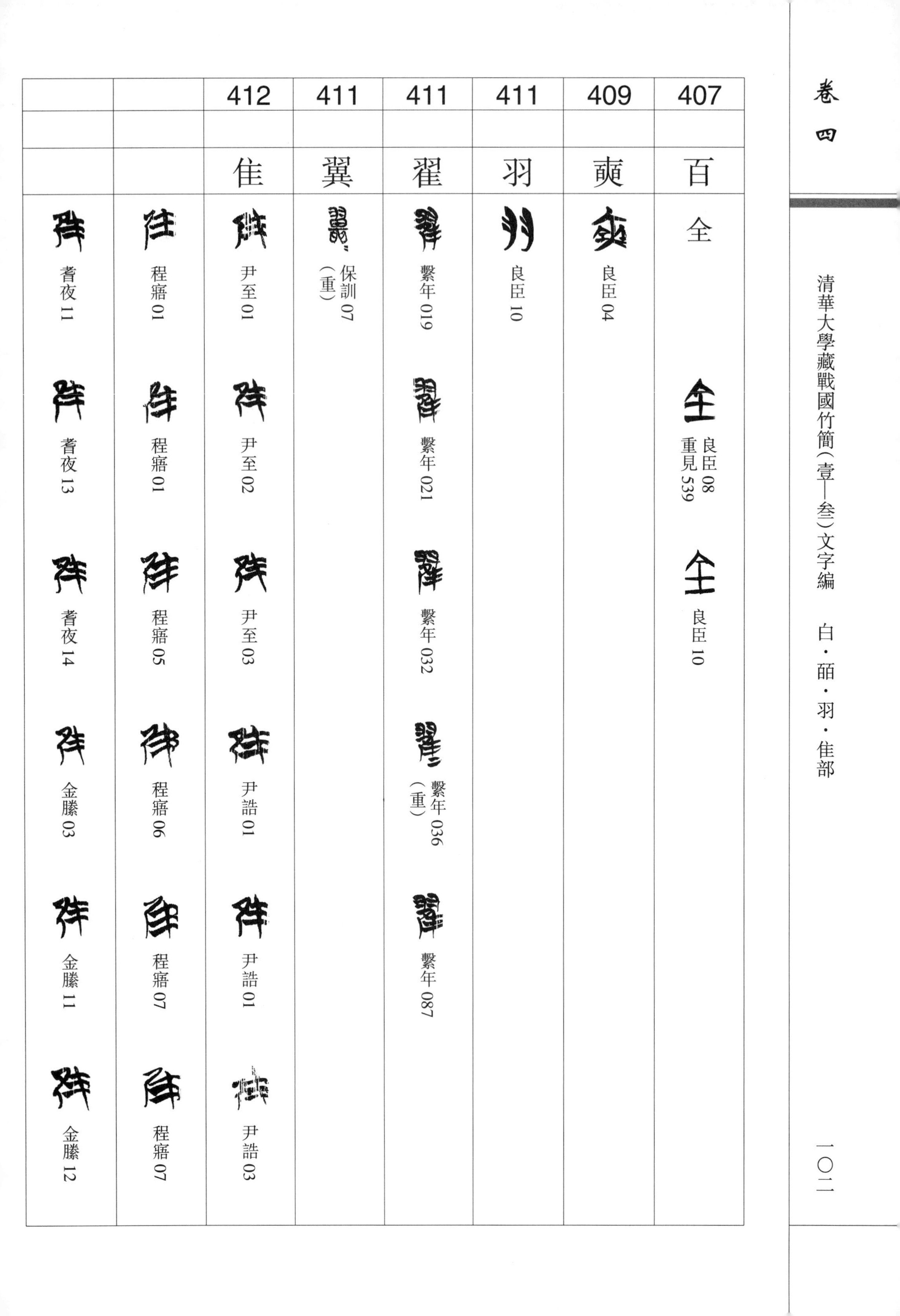

		412	411	411	411	409	407
		隹	翼	翟	羽	奭	百
耆夜11	程寤01	尹至01	保訓07（重）	繫年019	良臣10	良臣04	全
耆夜13	程寤01	尹至02		繫年021			良臣08 重見539
耆夜14	程寤05	尹至03		繫年032			良臣10
金縢03	程寤06	尹誥01		繫年036（重）			
金縢11	程寤07	尹誥01		繫年087			
金縢12	程寤07	尹誥03					

皇門01	皇門09	祭公05	祭公12	祭公18	説命上03	説命中04	説命中07
皇門01	皇門11	祭公07	祭公13	祭公19	説命上06	説命中05	説命中07
皇門02	皇門13	祭公10	祭公13	祭公20	説命上06	説命中06	説命下02
皇門07	祭公02	祭公10	祭公13	楚居01	説命中01	説命中06	説命下04
皇門08	祭公03	祭公10	祭公14	説命上01	説命中02	説命中06	説命下05
皇門08	祭公04	祭公11	祭公15	説命上01	説命中03	説命中06	説命下05

412 隹

說命下06

說命下08

說命下09

說命下09

琴舞01

琴舞01

琴舞02

琴舞05

琴舞06

琴舞08

琴舞10

琴舞10

琴舞12

琴舞12

琴舞16

琴舞16

琴舞17

芮良夫11

芮良夫17

芮良夫21

芮良夫21

芮良夫24

赤鵠10

芮良夫08

保訓01

保訓06

保訓11

412 ［雀］ 鶴

說命下03 重見422

412 雞

繫年081

繫年081

繫年082

412 ［鷹］ 鷹

說命下04

412	413	414	414	416		416	416
	[奮]					[薨]	
雋	奋	雚	舊	蔑		[illegible]	[illegible]
 尹至05	 耆夜05	 皇門05	 保訓04	 繫年131	葡	 芮良夫02	 良臣05
			 保訓10		 良臣10	 芮良夫04	
			 芮良夫17				

417	417	418	421	422	422	422	422
				［鳳］			
羊	羣	彝	集	朋	⿰弓鳥	⿰鳥亘	⿰鳥噩
 楚居 02	 金縢 07	 繫年 124	 赤鵠 01	 程寤 04	 金縢 09	 祭公 09	 楚居 12（重）
	 繫年 043		 赤鵠 15（背）	 程寤 04			
	 繫年 043			 良臣 07			

		423	422	422	422	422	422
		［烏］					
		於	[illegible]	[illegible]	鵅	[illegible]	[illegible]
皇門08	耆夜08	尹誥03	赤鵠06 重見423	説命上02	赤鵠01	説命下03 重見412	良臣02
皇門12	金縢02	程寤04			赤鵠15（背）		
祭公04	金縢07	程寤06					
祭公08	金縢08	程寤08					
祭公14	金縢08	保訓07					
祭公15	皇門01	保訓09					

423

於

祭公17　楚居01　楚居02　楚居04　楚居08　楚居11

楚居14　楚居14　楚居15　楚居15　繫年019　繫年023

繫年023　繫年025　繫年025　繫年026　繫年026　繫年029

繫年029　繫年038　繫年044　繫年044　繫年045　繫年045

繫年059　繫年068　繫年076　繫年078　繫年080　繫年084

繫年086　繫年087　繫年088　繫年089　繫年090　繫年091

繫年091　繫年091　繫年093　繫年095　繫年101　繫年101

繫年106　繫年112　繫年116　繫年117　繫年119　繫年121

424
［棄］
弃

繫年123

繫年123

繫年124

繫年127

繫年128

繫年131

繫年131

繫年131

繫年131

繫年132

繫年132

繫年134

繫年136

繫年137

繫年137

琴舞08

琴舞11

琴舞15

芮良夫26

赤鵠02

赤鵠06

⿰鳥㕣

赤鵠06
重見422

赤鵠06

赤鵠07

赤鵠07

赤鵠07

赤鵠09

赤鵠09

繫年004

云

繫年117
重見1439

425	425	426	427	427	428		
	［爯］						
再	爯	幼	幽	幾	惠		
 芮良夫02	 祭公07	 繫年050	 繫年005	 芮良夫12	 皇門08	 繫年032	 繫年035
 芮良夫26	 琴舞09	 繫年050	 繫年006	 芮良夫25	 楚居13	 繫年033	 繫年038
 芮良夫28	 芮良夫16		 繫年007（重）		 繫年007	 繫年033	 繫年106
			 繫年007		 繫年008	 繫年034	
			 繫年019		 繫年018	 繫年035	
			 繫年112		 繫年032	 繫年035	

清華大學藏戰國竹簡（壹—叁）文字編　冓・幺・丝・叀部

428	428	429	429				
疐	[illegible]	兹	孳				
琴舞10	皇門03 重見1322	保訓06 保訓10 皇門12 楚居01 祝辭01 祝辭02	尹至04 耆夜09 祭公03 祭公06 祭公08	祭公09 祭公15 祭公15 祭公17 祭公18 祭公20（重）	說命中03 說命中05 說命中06 說命下07 說命下10 琴舞03	琴舞04 琴舞16 芮良夫02 芮良夫02 芮良夫05 芮良夫06	芮良夫06 芮良夫24 芮良夫26

432				432	432	430	430
受				𤔔	爰	舒	予
程寤03	⿲吕𤔔吕	琴舞11	⿲吕𤔔吕	皇門11	楚居01	耆夜13	祝辭01
保訓03	琴舞03	琴舞12	繫年061	繫年093	楚居02	祭公14	
保訓04		琴舞14	琴舞04	繫年100	楚居02		
保訓07		琴舞16	琴舞06		芮良夫24		
保訓09		芮良夫23	琴舞08				
保訓11		赤鵠13	琴舞09				

434	434		432	432			
			［⿰㕣攵］				
⿰歹卓	殀		敢	爭			
繫年119	祭公19	琴舞11 琴舞15 芮良夫12 赤鵠02	程寤02 金縢06 金縢11 皇門01 祭公10 繫年054	繫年076 繫年078	繫年067 繫年078	祭公13 芮良夫05 芮良夫28 赤鵠03 赤鵠03 赤鵠04	皇門11 皇門12 祭公05 祭公10 祭公11 祭公12

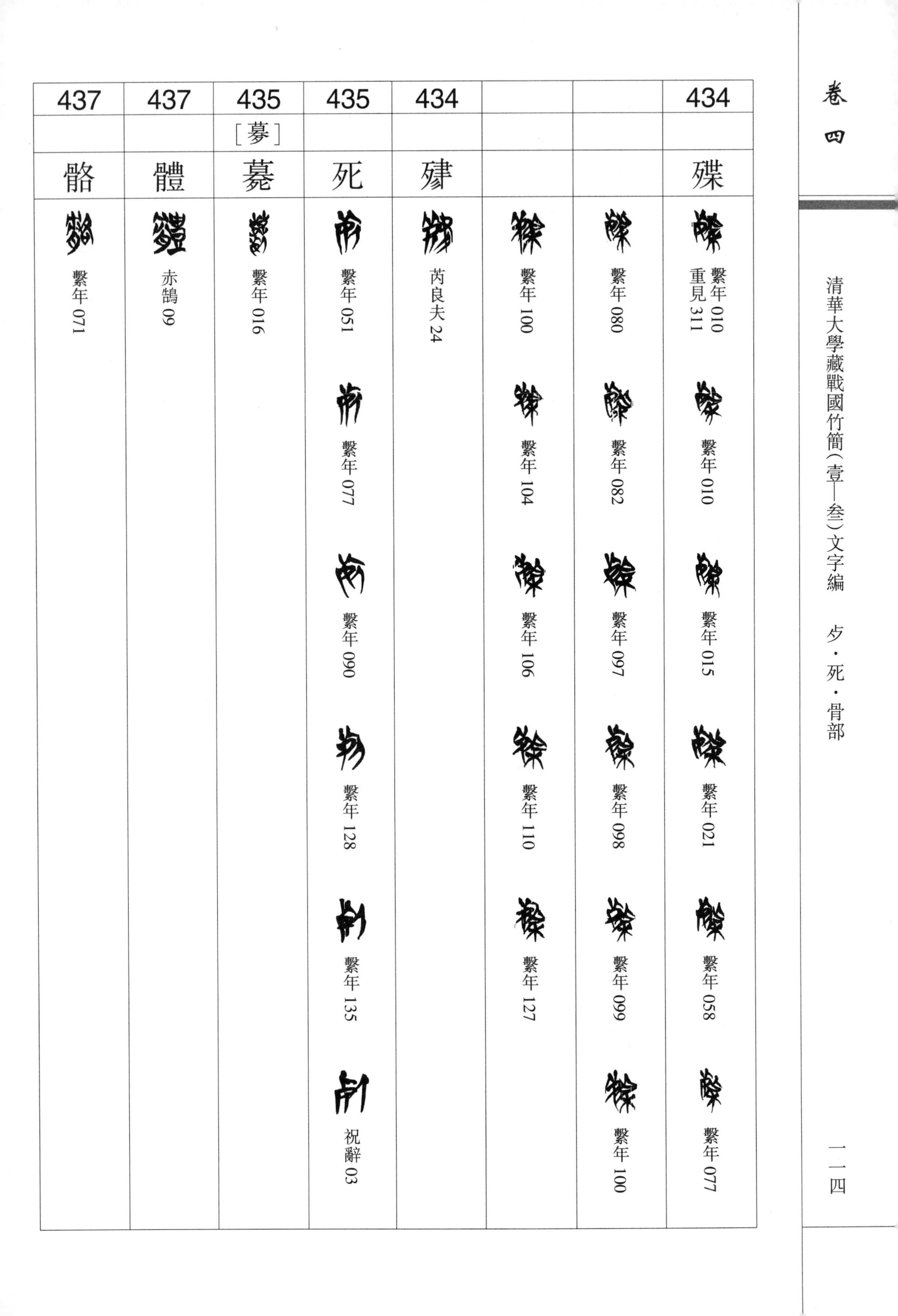

434			434	435	435	437	437
					[薨]		
殜			肂	死	薧	體	骼
繫年010 重見311	繫年080	繫年100	芮良夫24	繫年051	繫年016	赤鵠09	繫年071
繫年010	繫年082	繫年104		繫年077			
繫年015	繫年097	繫年106		繫年090			
繫年021	繫年098	繫年110		繫年128			
繫年058	繫年099	繫年127		繫年135			
繫年077	繫年100			祝辭03			

437	臘		楚居03
			楚居03
437	顫		繫年047
437	骮		祝辭05
438	肉		祝辭04
438	胃		赤鵠02
			赤鵠03
438	肩		說命上03
			琴舞03
438	胳		說命中05
438	肖		繫年117

438	438	438	438	438	438	438	438
[肯]	[肙]						[胄]
肎	肓	肰	胾	脂	脡	朐	[illegible]
 皇門07 重見745	 繫年118	 祭公17	 尹至02	 耆夜03（重）	 説命下03	 赤鵠09	 耆夜05 重見326
 皇門08	 芮良夫13	 祭公20	 説命中07	 耆夜07			
 琴舞06		 説命上04		 赤鵠01			
 芮良夫05							
 芮良夫22（殘）							

438 肥

楚居13

楚居16

琴舞13

良臣10

438 肣

皇門09

438 ⿰月羕

皇門03

438 ⿱次月

繫年031

繫年032

繫年032

438 胥

良臣07

438 ⿱尹月

良臣05
重見332

440 利

金縢07

皇門10

祭公09

芮良夫22

芮良夫26

良臣11

440 初

楚居01

441	440	440	440	440	440		440
刃	剔	⿰叀刂	⿰臬刂	罰	副		則
 者夜05	 說命中07	 芮良夫11	 者夜09	 皇門12	 程寤04	 祭公14	 者夜11
 繫年002		 芮良夫20		 祭公19		 祭公15	 者夜12
		 芮良夫20		 說命下06		 芮良夫10	 者夜14
		 芮良夫22		 芮良夫22		 芮良夫24	 金縢05
						 芮良夫25	 金縢14
						 芮良夫25	 皇門02

			445	445		445	444
							［耕］
			羸	解		衡	勘
			 芮良夫15	 保訓07  保訓09  保訓10  繫年102  琴舞05  琴舞06	奐  良臣02	 繫年044	 保訓04 重見1322

501	501	501	501	501	501		501
			［箴］	［筑］			
箬	策	筴	戠	笁	篧		箅
 楚居07	 耆夜02	 繫年045	 芮良夫18 重見1221	 金縢13	 耆夜03	 耆夜06	 尹至03 重見503
 楚居07		 繫年046		 說命上02	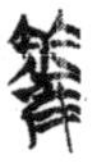 耆夜04	 耆夜08	
 楚居09				 琴舞13	 耆夜04	 耆夜09	
 楚居09					 耆夜04		
					 耆夜06		
					 耆夜06		

	503	501	501	501	501	501	501
				［答］			
	亓	⿱竹惪	⿱竹害	⿱亼⿱一曰	⿱竹少	箬	箸
 尹至04  尹至05  尹誥01  尹誥03  尹誥03  保訓10	 尹至01  尹至01  尹至02  尹至02  尹至02  尹至03	 芮良夫15	 琴舞10	 皇門09 重見539	 繫年071	 耆夜12 重見751	 保訓03 重見337  金縢11

503

亓

耆夜 10
耆夜 12
金縢 01
金縢 05
金縢 07
金縢 12

皇門 09
祭公 01
祭公 02
祭公 05
祭公 05
祭公 17

祭公 17
祭公 20
楚居 02
楚居 03
楚居 05
繫年 011

繫年 011
繫年 031
繫年 032
繫年 033
繫年 035
繫年 035

繫年 052
繫年 059
繫年 067
繫年 067
繫年 067
繫年 075

繫年 076
繫年 077
繫年 081
繫年 092
繫年 095
繫年 104

繫年 131
繫年 132
繫年 135
說命上 04
說命上 04
說命上 06

說命下 04
說命下 05
說命下 10
琴舞 01
琴舞 02
琴舞 03

琴舞03	琴舞07	琴舞11	琴舞16	芮良夫11	芮良夫21	芮良夫28	赤鵠08
琴舞04	琴舞07	琴舞12	琴舞16	芮良夫12（殘）	芮良夫22	赤鵠01	赤鵠12
琴舞05	琴舞07	琴舞13	芮良夫01	芮良夫12	芮良夫22	赤鵠02	赤鵠13
琴舞06	琴舞08	琴舞14	芮良夫06	芮良夫13	芮良夫23	赤鵠04	赤鵠13
琴舞06	琴舞09	琴舞14	芮良夫10	芮良夫16	芮良夫24	赤鵠07	赤鵠14
琴舞07	琴舞10	琴舞14	芮良夫11	芮良夫19	芮良夫25	赤鵠08	

503	503		503	503			
［典］							
箅	畀		巽	奠			
尹至03 重見501	祭公05	繫年116	皇門03	金縢04	繫年045（重）	繫年061	繫年074
	祭公09	繫年121		祭公11	繫年045（重）	繫年061	繫年085
	說命上03			繫年010	繫年046	繫年062	繫年090
	說命上03			繫年012	繫年046（重）	繫年063	繫年090
	琴舞14			繫年037（重）	繫年047	繫年063	繫年124
	繫年115			繫年043	繫年057	繫年063	繫年126

505	505	505	504		504		
	[式]						
巨	式	工	差		左		
繫年 011	皇門 05	繫年 117	琴舞 13	右	良臣 08	繫年 132（重）	繫年 127
繫年 012		繫年 128	良臣 04	繫年 051	祝辭 02	繫年 132	繫年 129
				繫年 054		繫年 132	繫年 130（重）
				繫年 057		繫年 132	繫年 130
				說命上 03		良臣 08	繫年 131
						良臣 09	繫年 131

507		507		508	508	509	
［巫］							
⿱巫口		⿰⿱巫口余		甘	甚	曰	
楚居03 重見208	赤鵠07	楚居16	⿰⿱巫口舍	赤鵠13	保訓02	尹至01	尹至04
程寤02（訛）	赤鵠09		繫年128		祭公02	尹至01	尹至05
繫年075	赤鵠10				繫年027	尹至02	尹至05
繫年108	赤鵠10				繫年036	尹至03	尹誥01
赤鵠06						尹至03	尹誥02
赤鵠07						尹至04	尹誥03

尹誥03	耆夜08	金縢07	皇門10	祭公09	祭公20	楚居13	繫年033
程寤04	耆夜10	金縢07	祭公01	祭公09	楚居01	繫年001	繫年046
保訓02	金縢01	金縢09	祭公03	祭公12	楚居04	繫年024	繫年050
耆夜03	金縢01	金縢11	祭公04	祭公15	楚居05	繫年025	繫年051
耆夜05	金縢03	金縢11	祭公07	祭公17	楚居08	繫年027	繫年052
耆夜06	金縢06	皇門01	祭公08	祭公18	楚居09	繫年031	繫年066

509

曰

繫年068
繫年072
繫年078
繫年089
繫年097
繫年123

説命上03
説命上03
説命上04
説命上04
説命中01
説命中02

説命中02
説命下03
説命下04
説命下04
説命下06
説命下07

説命下08
説命下08
説命下10
琴舞01
琴舞02
琴舞02

琴舞03
琴舞04
琴舞04
琴舞05
琴舞05
琴舞06

琴舞07
琴舞08
琴舞08
琴舞09
琴舞09
琴舞10

琴舞11
琴舞12
琴舞12
琴舞13
琴舞14
琴舞14

琴舞15
琴舞16
芮良夫02
芮良夫09
芮良夫15
芮良夫22

				509	509	510	
				曹	朁	乃	
芮良夫25	赤鵠02	赤鵠07	赤鵠11	繫年020	繫年070	尹至04	金縢02
芮良夫26	赤鵠02	赤鵠10		繫年042	繫年091	尹誥04	金縢02
祝辭01	赤鵠03	赤鵠10		琴舞04	繫年100	耆夜01	金縢03
祝辭02	赤鵠05	赤鵠10		琴舞06	繫年100	耆夜04	金縢05
赤鵠01	赤鵠06	赤鵠11			繫年101	耆夜06	金縢05
赤鵠01	赤鵠07	赤鵠11				耆夜07	金縢06

510

乃

金縢07	皇門08	祭公09	繫年001	繫年007	繫年018	繫年032	繫年037
金縢07	皇門09	祭公15	繫年003	繫年008	繫年019	繫年033	繫年042
金縢08	皇門09	祭公21	繫年004	繫年009	繫年024	繫年034	繫年047
金縢08	皇門10	楚居03	繫年006	繫年009	繫年024	繫年036	繫年047
金縢12	皇門11	楚居04	繫年007	繫年013	繫年031	繫年037	繫年050
皇門07	祭公08	楚居08	繫年007	繫年017	繫年032	繫年037	繫年050

繫年051	繫年070	説命中03	説命下03	説命下10	祝辭02	赤鵠07	赤鵠14
繫年052	繫年084	説命中04	説命下05	芮良夫02	赤鵠01	赤鵠07	赤鵠14
繫年053	繫年086	説命中04	説命下06	芮良夫23	赤鵠04	赤鵠09	赤鵠14
繫年056	説命上05	説命中05	説命下06	祝辭01	赤鵠05	赤鵠09	
繫年068	説命上05	説命中06	説命下06	祝辭01	赤鵠05	赤鵠10	
繫年069	説命中02	説命中07	説命下09	祝辭02	赤鵠05	赤鵠10	

510 [卣] 迺			511 丂	512 可			
程寤 01	皇門 09	說命下 05	金縢 04	尹誥 03	程寤 08	金縢 01	芮良夫 19
保訓 05	說命上 03	琴舞 10		程寤 04	程寤 08	繫年 050	芮良夫 19
保訓 08	說命上 03	芮良夫 24		程寤 04	程寤 08	繫年 051	芮良夫 24
皇門 02	說命上 04			程寤 05	程寤 09	繫年 052	芮良夫 26
皇門 03	說命上 05			程寤 05	程寤 09	琴舞 05	芮良夫 26
皇門 07	說命下 04			程寤 08	程寤 09	芮良夫 16	赤鵠 06

赤鴼07　赤鴼09　赤鴼11

515 于

尹至03　尹至05　尹誥02　尹誥03　尹誥04　程寤01

程寤03　程寤03　程寤03　程寤04　程寤07　保訓04

保訓05　保訓05　保訓08　保訓08　保訓09　耆夜01

耆夜10　金縢04　金縢05　金縢06　金縢07　皇門02

皇門02　皇門03　皇門03　皇門05　皇門07　皇門07

皇門08　皇門12　皇門13　皇門13　祭公06　祭公12

祭公14　祭公14　祭公19　祭公19　楚居01　楚居01

515

于

楚居01
楚居02
楚居03
繫年002
繫年002
繫年003
繫年003
繫年004
繫年005
繫年005
繫年006
繫年007
繫年008
繫年008
繫年009
繫年009
繫年009
繫年010
繫年011
繫年012
繫年013
繫年014
繫年015
繫年015
繫年017
繫年018
繫年018
繫年020
繫年021
繫年022
繫年023
繫年024
繫年024
繫年032
繫年033
繫年034
繫年035
繫年035
繫年038
繫年044
繫年048
繫年051
繫年051
繫年052
繫年054
繫年055
繫年056
繫年058

說命下05	說命上07	繫年125	繫年110	繫年097	繫年074	繫年068	繫年061
說命下09	說命中01	繫年126	繫年111	繫年098	繫年074	繫年069	繫年062
說命下10	說命中02	說命上01	繫年113	繫年103	繫年083	繫年070	繫年064
琴舞07	說命中05	說命上01	繫年114	繫年103	繫年084	繫年071	繫年065
琴舞10	說命中07	說命上02	繫年119	繫年107	繫年094	繫年071	繫年066
琴舞15	說命下04	說命上05	繫年121	繫年109	繫年097	繫年072	繫年066

清華大學藏戰國竹簡（壹—叁）文字編　亏・旨・喜・壴・豊部

522	518	518	517	516	516	515	
			[憙]				
豊	嘉	彭	憙	嘗	旨	于	
金縢12	保訓07	祝辭01（重）	耆夜10	赤鵠02	程寤05	赤鵠01	芮良夫01
	耆夜04		耆夜12	赤鵠02	祝辭02	赤鵠05	芮良夫07
	耆夜06		琴舞12	赤鵠03		赤鵠06	芮良夫08
	芮良夫20			赤鵠04		赤鵠09	芮良夫16
	皇門02			赤鵠04		赤鵠10	芮良夫17
	皇門02						芮良夫26

525	525			525	525	525	523
盧	膚			虗	虞	虔	豊
尹至02 重見1306	繫年052 重見407	赤鳩03	琴舞15	尹誥03（重）	耆夜05 重見332	繫年119	琴舞16
		赤鳩05	芮良夫24	金縢02		繫年124	
		良臣06	芮良夫26	繫年015			
			芮良夫27	說命下09			
			芮良夫27	琴舞09			
			芮良夫28	琴舞11			

525	525	525		526	526		526
					[虢]		
虘	⿸虍幸	虜		虎	⿰虢阝		⿸虍吕
 良臣 03 重見 526	 耆夜 02 重見 1424	 楚居 12 重見 713	虏	 祭公 04	 繫年 007 重見 624	虘	 程寤 04
			 繫年 084 重見 713	 祭公 08	 繫年 008	 良臣 03 重見 525	 程寤 06
				 祭公 14	 繫年 098	 良臣 08	 程寤 08
				 祭公 15	 繫年 109		 保訓 07
				 祭公 17			 保訓 09
				 繫年 105			 皇門 01

528	528	528	528		528	526	
		［盈］					
⿱富皿	盤	⿰氵⿱呈皿	溢		盇	虘	
繫年001	楚居01 楚居02 繫年005 繫年006 繫年007	芮良夫04 芮良夫16	芮良夫09	繫年084 繫年109 繫年110 說命下08	皇門06 皇門10 楚居12 繫年014 繫年014 繫年015	皇門01	皇門12 繫年019 繫年051

534	534	533	531	531	528	528	528
靜	青	臒	卹	血	⿱孔皿	⿱廷皿	⿱䰠皿
 芮良夫01	 說命下08	 程寤04	 皇門02	 祭公17	 繫年074	 金縢04	 祭公15
 芮良夫13	 說命下09	 皇門09	 皇門03		 繫年076		
 芮良夫16		 繫年026	 皇門08		 繫年077		
		 赤鵠01	 皇門13		 繫年078		
			 芮良夫01		 繫年079		
			 芮良夫06				

535	535	536					
井(夕)	㓝	卽					
祭公 09	皇門 01	楚居 12	繫年 015	繫年 077	繫年 087	繫年 099	繫年 104
	皇門 04	繫年 003	繫年 021	繫年 077	繫年 091	繫年 099	繫年 105
	皇門 07	繫年 010	繫年 021	繫年 080	繫年 097	繫年 100	繫年 106
		繫年 010	繫年 038	繫年 081	繫年 097	繫年 100	繫年 110
		繫年 010	繫年 058	繫年 082	繫年 098	繫年 100	繫年 110
		繫年 010	繫年 058	繫年 082	繫年 098	繫年 104	繫年 119

536	536					538	538
即	既					饋	飤
 繫年127	 尹誥01	 金縢01	 繫年013	 繫年094	旣	 赤鴼05	 繫年102
 繫年127	 程寤01	 皇門05	 繫年017	 繫年104	 祝辭02 重見538		 赤鴼06
 祝辭03	 程寤05	 皇門13	 繫年028	 繫年106			 赤鴼06
 祝辭04	 保訓06	 祭公14	 繫年034	 說命下07			 赤鴼06
 祝辭05	 耆夜05	 祭公15	 繫年046	 芮良夫20			
	 耆夜07	 楚居04	 繫年070	 赤鴼02			

538	538	539			539		
					［舍］		
飢	⿰飠旡	今			舍		
繫年102	祝辭02 重見536	尹至01	保訓10	楚居05	尹誥04	琴舞10	赤鵠12
		尹至03	耆夜10	楚居08	祭公20	琴舞10	繫年007 重見202 重見208
		尹至03	耆夜12	繫年067	說命上03	琴舞11	
		尹誥02	金縢12	繫年103	琴舞03	琴舞12	
		尹誥02	皇門02	繫年113	琴舞07	琴舞13	
		保訓03	楚居04		琴舞09	赤鵠08	

539	539	540					541
全	[illegible]	會					倉
 良臣 08 重見 407	 皇門 09 重見 501	 繫年 011	 繫年 061	 繫年 070	 繫年 094	 繫年 109	 尹至 02
		 繫年 020	 繫年 062	 繫年 085	 繫年 096	 繫年 110	
		 繫年 039	 繫年 066	 繫年 088	 繫年 097	 繫年 111	
		 繫年 051	 繫年 066	 繫年 089	 繫年 098	 繫年 119	
		 繫年 054	 繫年 067	 繫年 091	 繫年 101	 繫年 119	
		 繫年 056	 繫年 070	 繫年 092	 繫年 105	 琴舞 09	

544	543	543					542
矢	罋	缶					内
 說命上02	 繫年115	 祭公20	 繫年136	 繫年121	 繫年037	 繫年024	 尹至05
		 琴舞07	 說命中01	 繫年122	 繫年038	 繫年024	 程寤07
			 琴舞01	 繫年123	 繫年076	 繫年033	 金縢05
			 琴舞02	 繫年129	 繫年083	 繫年034	 楚居04
			 琴舞08	 繫年129	 繫年093	 繫年034	 楚居05
			 芮良夫02	 繫年131	 繫年121	 繫年036	 楚居12

544

[䠶]

𢏳

祝辭 03 重見 1233

544

侯

繫年 008

繫年 008

繫年 009

繫年 010

繫年 011

繫年 018

繫年 019

繫年 020

繫年 023

繫年 023

繫年 023

繫年 024

繫年 024

繫年 025

繫年 025

繫年 026

繫年 026

繫年 026

繫年 027

繫年 027

繫年 027

繫年 028

繫年 028

繫年 030

繫年 041

繫年 044

繫年 056

繫年 057

繫年 061

繫年 062

繫年 066

繫年 067

繫年 067

繫年 069

繫年 070

繫年 072

繫年 072

繫年 083

繫年 085

繫年 089

繫年 089

繫年 091

	545		544				
	高		矦				
繫年 066	耆夜 01	芮良夫 15	保訓 10	繫年 121	繫年 111	繫年 101	繫年 092
繫年 069	繫年 011	芮良夫 25	琴舞 07	繫年 122	繫年 119	繫年 103	繫年 094
繫年 091	繫年 012		芮良夫 02	繫年 124	繫年 120	繫年 106	繫年 096
琴舞 02（重）	繫年 046		芮良夫 08	繫年 124	繫年 120	繫年 107	繫年 097
	繫年 050		芮良夫 08	繫年 124	繫年 121	繫年 109	繫年 098
	繫年 055		芮良夫 08		繫年 121	繫年 110	繫年 099

548	548	548	547	547	546	546	545
	［就］					［冂］	
款	臺	京	䡓	章	市	同	
 皇門03	 金縢06 重見549  琴舞03	 楚居02  楚居02  楚居04  繫年009  繫年010	 說命下02 重見327 重見1306	 繫年069 重見624  繫年070  繫年092	 繫年047	 繫年067  繫年070  繫年072  繫年099	高  良臣06

549		549	549	549	549	550	551
亯		⿱亯羊	⿰鬲⿱亯帀	⿱⺮亯	⿱亯𡈼	厚	良
 繫年 121  說命下 04  琴舞 01  琴舞 01  琴舞 09  琴舞 14	 芮良夫 18  赤鵠 01	 繫年 071（訛）	 芮良夫 18  芮良夫 19	 金縢 09  赤鵠 05	 金縢 06 重見 548	 繫年 017  繫年 091	 耆夜 11  耆夜 13  耆夜 14  琴舞 14  芮良夫 02  皇門 08

552	553	554			554	556	556
［稟］		［來］				［复］	［憂］
⿱亩秝	⿱亠⿱从回	⿱來土			⿱來日	⿱亩各	⿱頁心
 繫年 123	 皇門 06	 繫年 025 重見 213	逨	 說命中 01	 說命下 10	 說命中 04	 耆夜 07 重見 1039
		 繫年 046	 尹至 01 重見 219				
		 繫年 072	 耆夜 08				
		 繫年 076	 祭公 02				
		 繫年 082	 說命上 07				
		 繫年 107	 說命中 01				

字號	釋文	字頭	出處
556	［愛］	㤅	程寤 09 重見 1039
556	［夏］	頣	尹至 01 重見 901；尹至 01；尹至 03；尹至 04；尹至 05（重）；尹誥 01
			尹誥 01；尹誥 02；尹誥 03；祭公 14；繫年 017；說命中 03
			芮良夫 08；赤鵠 05；赤鵠 06；赤鵠 07；赤鵠 10（重）；赤鵠 10
			赤鵠 11；赤鵠 14
557	［舞］	𣞤	琴舞 01 重見 213；琴舞 01（背）；琴舞 02
557		萬	保訓 08 重見 739
558	［舜］	埈	保訓 04；保訓 06

558	559		559	560	563		
					［乘］		
	韋		韍	弟	𠀗		
㚇		䪞				𩏂	
	 尹誥03		 良臣09	 繫年007	 耆夜05（重）		
 良臣01（重）		 芮良夫23 重見208		 繫年011	 説命中03	 繫年060	
				 繫年033		 繫年121	
				 繫年051		 繫年137 重見1409	

清華大學藏戰國竹簡（壹—叁）文字編　舜・韋・弟・桀部

601	601	601	601	601	601	601	601
木	檨	椅	棫	柞	枳	松	柏
 金縢 09	 芮良夫 22	 芮良夫 10	 程寤 01	 程寤 01	 芮良夫 19	 程寤 01	 程寤 01
 金縢 13			 程寤 04	 程寤 04（重）	 芮良夫 19	 程寤 04（重）	 程寤 04
 繫年 096			 程寤 06	 程寤 06			 程寤 06

601	601	601	601	601	601	601	601
						［樹］	
牀	棟	柔	果	末	株	桓	某
牀 赤鵠08	棟 赤鵠08（殘）	柔 尹至04	果 程寤07	末 程寤03	株 繫年113	桓 程寤01	某 祝辭01
牀 赤鵠12	棟 赤鵠12（殘）	柔 芮良夫20	果 繫年034			桓 程寤05（重）	
			果 繫年091				
			果 繫年093				
			果 繫年129				

601	601	601	601	601	601	601	601

601	601	601	601	601	601	601	601
					［樂］		
棶	休	K	析	梁	藥	柭	槪
 程瘖01  程瘖04  程瘖07	 説命下09  皇門05  皇門09  祭公11	 赤鳩09  赤鳩13	 繫年084	 繫年032  繫年034  繫年091	 耆夜03（重）重見112	 芮良夫20  芮良夫22	 祭公06

	602		601	601	601	601	601
							［梏］
	東		東	囷	枝	杼	罌
 繫年014	 尹至03	 繫年090	 繫年002（重）	 楚居14（重）重見1448	 楚居04	 程寤01	 皇門10 重見1028
 繫年015	 尹至03	 繫年090	 繫年003			 程寤04（重）	
 繫年016	 耆夜02		 繫年003			 程寤07	
 繫年019	 金縢08		 繫年012				
 繫年046	 繫年009		 繫年087				
 繫年092	 繫年010		 繫年089				

603 林

繫年063

603 楚

楚居03
楚居04
繫年012
繫年020
繫年021
繫年021
繫年024
繫年037
繫年038
繫年041
繫年042
繫年044
繫年044
繫年048
繫年049
繫年056
繫年056
繫年061
繫年062
繫年064（殘）
繫年064
繫年064
繫年074
繫年074
繫年079
繫年080
繫年082
繫年083
繫年083
繫年085
繫年086
繫年087
繫年088
繫年088
繫年090
繫年096
繫年101
繫年102
繫年104
繫年105
繫年105
繫年105

603					603	603	604
楚					楙	薆	才
 繫年105	 繫年117	 繫年127	 繫年135	 良臣05	 皇門02	 楚居05 重見319	 尹至03
 繫年107	 繫年117	 繫年128	 繫年136	 良臣11			 尹至03
 繫年110	 繫年117	 繫年130（重）	 繫年136	 赤鵠06			 金縢03
 繫年114	 繫年119	 繫年131	 繫年137				 金縢07
 繫年114	 繫年126	 繫年132	 繫年137				 耆夜10
 繫年116	 繫年126	 繫年135	 良臣05				 耆夜11

說命上06
說命中01
說命中01
說命中05
說命下02
說命下08

琴舞11
琴舞11
琴舞11
琴舞04
芮良夫12
尹至01

程寤05
程寤05
程寤06
程寤07
耆夜13
皇門01

皇門02
皇門04
皇門05
皇門06
皇門10
皇門11

皇門12
皇門13
祭公01
祭公03
祭公03
祭公05

祭公19
說命下05
說命下06
琴舞02
琴舞03
琴舞06

琴舞07
琴舞08
琴舞08
琴舞09
琴舞10
琴舞12

琴舞12
保訓04
保訓08
保訓09
保訓11

604 枇

楚居05

606 之

尹誥01
尹誥02
尹誥03
尹誥03
尹誥04
耆夜01
耆夜02
耆夜05
耆夜08
耆夜11
耆夜13
耆夜14
金縢03
金縢05
金縢06
金縢06
金縢07
金縢10
金縢10
金縢10
金縢12
金縢13
金縢14（背）
皇門02
皇門02
皇門04
皇門07
皇門07
皇門08
皇門09
皇門10
皇門13
皇門13
祭公02
祭公04
祭公05
祭公06
祭公08
祭公08
祭公10
祭公10
祭公10

祭公11　祭公11　祭公12　祭公12　祭公13　祭公13

祭公14　祭公14　祭公14　祭公15　祭公18　祭公20

祭公20　祭公21　楚居01　楚居02　楚居03　楚居04

楚居04　楚居08　楚居09　楚居10　楚居10（重）　楚居11

楚居12　楚居12　楚居13（重）　楚居13　繫年001　繫年001

繫年005　繫年007　繫年009　繫年010　繫年011　繫年012

繫年015　繫年015　繫年016　繫年017　繫年018　繫年024

繫年024　繫年025　繫年026　繫年027　繫年027　繫年027

606

之

繫年028
繫年028
繫年028
繫年028
繫年031
繫年031

繫年031
繫年032
繫年033
繫年035
繫年036
繫年036

繫年036
繫年037
繫年038
繫年039
繫年041
繫年042

繫年042
繫年043
繫年044
繫年045
繫年045
繫年046

繫年046
繫年046
繫年047
繫年047
繫年047
繫年048

繫年051
繫年051
繫年052
繫年052
繫年053
繫年054

繫年055
繫年055
繫年057
繫年057
繫年057
繫年058

繫年058
繫年064
繫年065
繫年066
繫年066
繫年067

繫年067（重）
繫年068
繫年069
繫年070
繫年071
繫年071

繫年072
繫年072
繫年072
繫年072
繫年073
繫年076

繫年076
繫年079
繫年080
繫年081
繫年081
繫年082

繫年082
繫年083
繫年085
繫年087
繫年088
繫年089

繫年089
繫年092
繫年094
繫年095
繫年096
繫年097

繫年097
繫年099
繫年102
繫年102
繫年104
繫年105

繫年108
繫年111
繫年111
繫年112
繫年113
繫年114

繫年115
繫年116
繫年120
繫年121
繫年122
繫年122

606

之

繫年123　繫年123　繫年128　繫年128　繫年128　繫年128

繫年128　繫年130　繫年131　繫年132　繫年133　繫年133

繫年134　繫年134　繫年135　繫年135　說命上02　說命上04

說命上06　說命上06　說命上06　說命上07（背）　說命中02　說命中03

說命中03　說命中05　說命中06　說命中07　說命中07（背）　說命下07

說命下08　說命下09　說命下09　說命下10　說命下10（背）　琴舞01（背）

琴舞02（重）　琴舞03　琴舞03　琴舞04　琴舞04　琴舞05

琴舞06　琴舞06　琴舞08　琴舞08　琴舞08　琴舞09

琴舞11 琴舞12 琴舞13 琴舞13 琴舞15 琴舞16

芮良夫01（背） 芮良夫02 芮良夫02 芮良夫03 芮良夫03 芮良夫05

芮良夫05 芮良夫06 芮良夫06 芮良夫06 芮良夫07 芮良夫08

芮良夫10 芮良夫12 芮良夫18 芮良夫19 芮良夫19 芮良夫20

芮良夫24 芮良夫25 芮良夫25 芮良夫26 芮良夫27 芮良夫27

芮良夫28 赤鵠01 赤鵠01 赤鵠01 赤鵠01 赤鵠01

赤鵠02 赤鵠04 赤鵠04 赤鵠04 赤鵠04 赤鵠05

赤鵠06 赤鵠07 赤鵠07 赤鵠08 赤鵠08 赤鵠09

606 之

赤鵠09

赤鵠09

赤鵠11

赤鵠11

赤鵠12

赤鵠12

赤鵠13

赤鵠13

赤鵠14

赤鵠14

赤鵠15（背）

赤鵠15（背）

保訓01

保訓03

保訓04

保訓05

保訓06

保訓07

保訓07

保訓07

良臣01

良臣01

良臣07

良臣08

良臣09

良臣09

良臣10

良臣10

祝辭03

祝辭04

祝辭05

606 㞷

芮良夫17

芮良夫19

607 帀

繫年025

繫年056

皇門11

良臣01

良臣03

良臣08

609	609		608		607		
					[師]		
南	朩		出		𠂤		
金縢02	芮良夫21	繫年093	金縢12	⿱止𠂤	繫年004 重見1410	琴舞02	良臣09
繫年069	芮良夫23	繫年100	祭公21	繫年017 重見1410		琴舞02	繫年056
繫年070	說命中02	說命中05	楚居01			琴舞16	繫年081
繫年080		說命中06	楚居03			琴舞16	繫年088
繫年099		良臣09	繫年017			琴舞16	琴舞01
繫年112			繫年029				琴舞01

609	610			610	614	619	619
					［華］	［朿］	
南	生			產	芋	棘	朿
良臣03	程寤01	芮良夫15	繫年024	良臣09	繫年056 重見112	尹至03	楚居15
良臣03	楚居02	芮良夫27	繫年029	良臣09	繫年057		繫年100
	楚居03	芮良夫27	繫年052	良臣10	繫年057		繫年109
	説命上04	繫年003	良臣03		繫年060		繫年110
	説命上04	繫年005			繫年088		繫年114
	説命中07	繫年005					芮良夫05

	619	620	621				621
							[國]
	刺	橐	回				郋
良臣03	祭公04	程寤04	繫年006	繫年045	繫年090	繫年131	芮良夫14 重見624
	祭公08		繫年039	繫年059	繫年092	繫年132	
	祭公08		繫年041	繫年063	繫年106	繫年134	
	良臣10		繫年042	繫年070	繫年115		
			繫年042	繫年075	繫年116		
			繫年042	繫年082	繫年117		

621	621	621	621	621	622	622	622
			［囚］				
因	固	⿴囗歾	囡	⿴囗馬	員	⿰貝蚩	賤
 繫年 111	 繫年 028	 繫年 047 重見 114	 良臣 02	 說命中 05（訛）	 耆夜 12	 祭公 03 重見 1306	 良臣 07
 程寤 05	 繫年 066			 芮良夫 04	 繫年 081		
 芮良夫 10	 繫年 069			 芮良夫 09	 繫年 083		
	 繫年 118				 說命上 06		
					 說命下 02		
					 芮良夫 09		

623	623	623	623	623		623	623
						[貳]	
貨	貣	賂	贛	賜		弍	賓
 說命上01	 繫年120	 繫年033	 繫年030	 說命上01	⿰貝睗	 程寤06 重見1313	 楚居03
 說命下07	 繫年124			 說命下09	 楚居05		

623	623	623	623	623	623	623	
		［賤］	［貪］		［貽］		
責	賈	俴	⿱僉⿱貝心	貧	⿰貝司	賽	
 金縢 03	 繫年 046  繫年 128  説命下 07	 芮良夫 08 重見 801	 芮良夫 04 重見 1039	 皇門 03	 保訓 09	 繫年 023（重）  繫年 023（重）  繫年 023  繫年 024  繫年 024  繫年 025（重）	 繫年 026  繫年 026  繫年 026  繫年 027  繫年 027  繫年 028

繫年028

繫年028

繫年029

623 贔

耆夜06（重）

623 賅

楚居03

623 ⿰貝它

繫年059

623 ⿰貝重

繫年129

623 ⿰爿貝

芮良夫06
重見341

624 邑

尹至05

尹誥01

尹誥01

尹誥04

尹誥04

皇門01

繫年002

繫年013

繫年014

繫年017

説命上01

説命上05

624 邑

- 說命上06

624 邦

- 尹誥03
- 耆夜04
- 金縢07
- 金縢09
- 金縢12
- 金縢13
- 皇門01
- 皇門03
- 皇門05
- 皇門06
- 皇門08
- 皇門10
- 皇門12
- 皇門13
- 祭公04
- 祭公07
- 祭公10
- 祭公13
- 祭公16
- 祭公17
- 楚居14
- 楚居15
- 楚居16
- 繫年007
- 繫年008
- 繫年020（殘）
- 繫年039
- 繫年050
- 繫年083
- 繫年084
- 繫年104
- 繫年104
- 繫年106
- 繫年108
- 繫年136
- 說命中03
- 芮良夫01
- 芮良夫02
- 芮良夫06
- 芮良夫12
- 芮良夫15
- 芮良夫17

	624	624	624	624	624	624	
		[⿰崩阝]					
	⿸厂邑	⿰⿱𠂊朋阝	鄭	邵	鄗	郢	
 芮良夫 21	 繫年 062	 楚居 15（重）	 繫年 085（重）	 良臣 04	 金縢 13	 楚居 08	 楚居 09
 芮良夫 28		 楚居 15				 楚居 08（重）	 楚居 10
 良臣 09		 楚居 16				 楚居 08	 楚居 10
						 楚居 08（重）	 楚居 10
						 楚居 09	 楚居 10（重）
						 楚居 09	 楚居 11

624				624	624	624	624
郢				鄂	⿰米阝	邡	⿰少阝
楚居11	楚居13	楚居14	楚居16	繫年009	繫年015	繫年098	繫年097
楚居11	楚居13	楚居15	楚居16		繫年098		
楚居12（重）	楚居13	楚居15	楚居16				
楚居12（重）	楚居13	楚居15（重）	繫年083				
楚居12	楚居14（重）	楚居15（重）	繫年131				
楚居12	楚居14	楚居15					

624	624	624	624	624	624	624	624
					［郭］		
[illegible]	[illegible]	郘	邨	郇	𩫏	郎	[illegible]
 祭公 01  祭公 02  祭公 07  祭公 21	 耆夜 01  耆夜 14（背）	 耆夜 02	 繫年 030	 繫年 066  繫年 067（重）  繫年 068  繫年 070  繫年 071  繫年 072	 繫年 069 重見 547	 繫年 130	 繫年 074  繫年 098  繫年 098

624	624	624	624	624	624	624	624
⿰畏阝	⿰女阝	⿰司阝	⿰虘阝	⿰或阝	⿰虒阝	⿱殹邑	⿰翟阝
 楚居01	 楚居14（重）  楚居15	 楚居14  楚居14	 楚居15	 祭公04  芮良夫14 重見621	 繫年007 重見526	 金縢01 重見813	 繫年019

624	624	624	624				624
鄭	邻	鄰	鄙				郜

右起第一列（624 郜）：楚居14／楚居15／繫年023／繫年023（重）／繫年024（重）／繫年025

第二列：繫年025（重）／繫年026／繫年027／繫年043／繫年099／繫年099

第三列：繫年104／繫年104／繫年105／繫年106／繫年106／繫年107

第四列：繫年107／繫年107

第五列（624 鄙）：楚居16

第六列（624 鄰）：楚居16

第七列（624 邻）：繫年064／繫年096

第八列（624 鄭）：繫年069／繫年070

624	624	624	624	624	624	624	624
鄴	邯	⿰䜌阝	郉	⿰王阝	⿰巨阝	⿰藨阝	⿰睪阝
 繫年 091	 良臣 06	 繫年 093  繫年 093（重）	 繫年 112	 繫年 119	 繫年 120	 繫年 131	 繫年 133  繫年 134

625	624	624		624	624	624	624
巷	鼞	邩		邔	郘	郕	郱
 繫年 093	 繫年 084 重見 1411	 良臣 03	㢴  繫年 050 重見 1233	 說命中 03	 良臣 11	 說命中 04 重見 212	 繫年 133

701			701	701	701	701	
			［時］	［早］			
日			旹	曓	昧	晉	
程寤09	説命中03	芮良夫23	程寤08	繫年100	保訓01	繫年008	繫年038（重）
保訓01	説命下06					繫年009	繫年039
保訓11	琴舞03					繫年009	繫年041
耆夜07	琴舞08					繫年031	繫年041
耆夜10	琴舞08					繫年033	繫年045
耆夜12	芮良夫09					繫年038	繫年045

繫年045（重）	繫年062	繫年079	繫年088	繫年096	繫年103	繫年109	繫年113
繫年047	繫年063	繫年079	繫年088	繫年099	繫年103（重）	繫年110	繫年115
繫年049	繫年065	繫年079	繫年091	繫年100（重）	繫年108	繫年111	繫年116
繫年050	繫年066	繫年085	繫年093	繫年101	繫年108	繫年111	繫年117
繫年054	繫年071	繫年087	繫年094	繫年101	繫年108	繫年112	繫年118
繫年061	繫年072	繫年088	繫年095	繫年102	繫年108	繫年113	繫年119

	701	701	701				701
			［早］				
	㬎	昌	⿱雨早				晉
琴舞 08 琴舞 11 琴舞 12	耆夜 08 說命下 05 琴舞 02 琴舞 03 琴舞 04 琴舞 07	芮良夫 15	說命中 04 重見 1113	良臣 04	繫年 132 繫年 133 繫年 134 繫年 137 芮良夫 01 芮良夫 10	繫年 123 繫年 124 繫年 127 繫年 129 繫年 129 繫年 129（重）	繫年 119 繫年 121 繫年 121（重） 繫年 122 繫年 122 繫年 123

701	701		701	701	701	702	703
暴	昔		昆	沓	曺	旦	倝
 芮良夫11	 保訓03	 繫年001	 芮良夫04	 尹誥02 重見332	 楚居02	 耆夜02	 繫年035
	 保訓04	 說命下08				 說命上04	 繫年115
	 保訓08	 芮良夫12（殘）				 良臣04	 繫年116
	 皇門02						 繫年119
	 祭公19						 繫年133
	 金縢11						

706	705	704	704	703	703		703
			［游］				
晶	冥	⿰方⿱𠂉昜	遊	⿰革鳥	軺		朝
 繫年121	 祝辭02（重）	 保訓06	 耆夜05（重）	 繫年071	 良臣05	 繫年114	 耆夜12
		 繫年012（殘）				 繫年124	 繫年008
		 繫年126				 繫年126	 繫年044
		 繫年127				 說命中01	 繫年072
		 繫年132					 繫年094
		 繫年134					 繫年095

707		707			706	706	706
					［曟］	［曑］	
朗		月			晨	參	星
 程寤01	 芮良夫23	 程寤01			 說命下06	 祭公14	 芮良夫23
		 耆夜09	 琴舞08	 繫年084		 祭公20	
		 耆夜12	 芮良夫23	 繫年088 重見1443		 說命下09	
		 繫年059				 琴舞05	
		 繫年063					
		 琴舞03					

707	707		709				
朔	朙		明				
楚居05	祭公07	[illegible]	程寤03	皇門01	祭公18	繫年121	琴舞14
		祭公17 重見1013	程寤06	皇門04	繫年064	繫年123	良臣10
			程寤07（重）	皇門04	繫年089	繫年123	
			耆夜07	皇門07	繫年096	說命下05	
			耆夜08（重）	皇門12	繫年097	琴舞03	
			耆夜08	祭公05	繫年101	琴舞04	

709		711	711		711	711	
昷		夕	夜		夢	外	
繫年028	繫年132	耆夜12	耆夜03	琴舞03	程寤01	祭公17	赤鵠04
繫年072	祝辭02	金縢13	耆夜04	琴舞06	程寤03	繫年052	
繫年088		祭公20	耆夜06	琴舞08	程寤04	繫年121	
繫年089			耆夜08	楚居05	程寤06	繫年123	
繫年128			耆夜14（背）	楚居05	繫年109	祝辭04	
繫年129			説命下06		説命中01	赤鵠04	

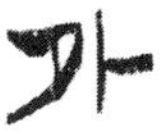

編號		字頭	字形及出處
711	［殅］	⿰亻⿵冂夕	 保訓 11 重見 739； 琴舞 03； 琴舞 06
711		⿱莫夕	 繫年 058
712		多	 程寤 07； 保訓 01； 保訓 05； 金縢 04； 金縢 04； 皇門 04； 皇門 06； 祭公 01； 楚居 06； 楚居 06； 繫年 117； 繫年 136； 説命中 06； 琴舞 01； 琴舞 09； 琴舞 09； 琴舞 13； 芮良夫 13； 芮良夫 26
713		虜	 楚居 12 重見 525
		虏	 繫年 084 重見 525； 繫年 109； 繫年 110

714 甬						714 埇	716 卣
尹誥02	說命中07	芮良夫07	芮良夫17	祭公06	琴舞15	說命上02 重見213	琴舞16
說命上01	說命下08	芮良夫12	楚居06	祭公11	芮良夫19	琴舞03	保訓10
說命上07	琴舞11	芮良夫13	保訓07	祭公11	芮良夫23		
說命中02	琴舞14	芮良夫14	保訓07	琴舞04	芮良夫24		
說命中03	琴舞17	芮良夫15	保訓09	琴舞05	芮良夫28		
說命中06	芮良夫04	芮良夫16	祭公05	琴舞11			

717

齊

繫年011　繫年020　繫年020　繫年036（重）　繫年041　繫年041

繫年042　繫年043　繫年058　繫年066　繫年067　繫年067

繫年068　繫年069　繫年070　繫年071　繫年071　繫年072

繫年072　繫年072　繫年078　繫年079　繫年091　繫年092

繫年093（重）　繫年093　繫年094　繫年095　繫年103　繫年112（重）

繫年113　繫年113　繫年120（重）　繫年120　繫年121　繫年122

繫年122　繫年122　繫年122　繫年122　繫年123　繫年124

繫年124　繫年137　繫年138　芮良夫05　芮良夫07　良臣06

721 克

- 尹誥02
- 耆夜04
- 耆夜05
- 金縢01
- 皇門03
- 皇門04
- 皇門09
- 祭公06
- 祭公19
- 繫年002
- 繫年013
- 繫年028
- 繫年032
- 繫年033
- 繫年066
- 繫年067（重）
- 繫年068
- 繫年070
- 繫年071
- 繫年072
- 繫年098
- 繫年106
- 繫年110
- 繫年133
- 說命中05
- 說命下04
- 說命下05
- 說命下05
- 說命下08
- 說命下08
- 琴舞06
- 琴舞10（訛）
- 琴舞11
- 琴舞15

722 彔

- 尹至01
- 琴舞13

723 禾

- 金縢09
- 金縢13
- 芮良夫24

723	723	723	723			723	723
						［私］	
秀	秬	穖	穆			厶	稷
 耆夜05	 芮良夫24	 耆夜12	 耆夜04（重）	 繫年039	 良臣07	 皇門03 重見925	 繫年121
		 皇門01	 金縢01	 繫年048			
		 皇門07	 楚居10	 繫年056			
			 繫年033	 繫年057			
			 繫年035	 繫年058			
			 繫年037	 繫年074			

稯

程寤03　重見103

723
稻

耆夜07

723
［穅］
康

耆夜11（重）
耆夜12
耆夜13
耆夜14
耆夜14
祭公06
祭公08
祭公11
祭公20
楚居11
繫年054
繫年096
繫年097
芮良夫04
芮良夫21
保訓09
良臣02

723
年

保訓01
耆夜01
金縢01
金縢04
金縢08
金縢13
祭公14（誤衍重文號）
繫年003
繫年004
繫年008
繫年008
繫年009
繫年019
繫年034
繫年036
繫年041
繫年045
繫年055

723		723	723				723
		[秋]					
秦		[illegible]	[illegible]				年
 楚居 11	蘇	 程寤 06	 芮良夫 09 重見 1436	 繫年 119	 繫年 109	 繫年 091	 繫年 056
 楚居 12	 金縢 09 重見 112			 繫年 126	 繫年 109	 繫年 093	 繫年 061
 楚居 12	 金縢 13			 繫年 133（殘）	 繫年 111	 繫年 096	 繫年 066
 楚居 13（重）				 芮良夫 21	 繫年 112	 繫年 096	 繫年 074
 繫年 015					 繫年 114	 繫年 106	 繫年 085
 繫年 016					 繫年 116	 繫年 108	 繫年 086

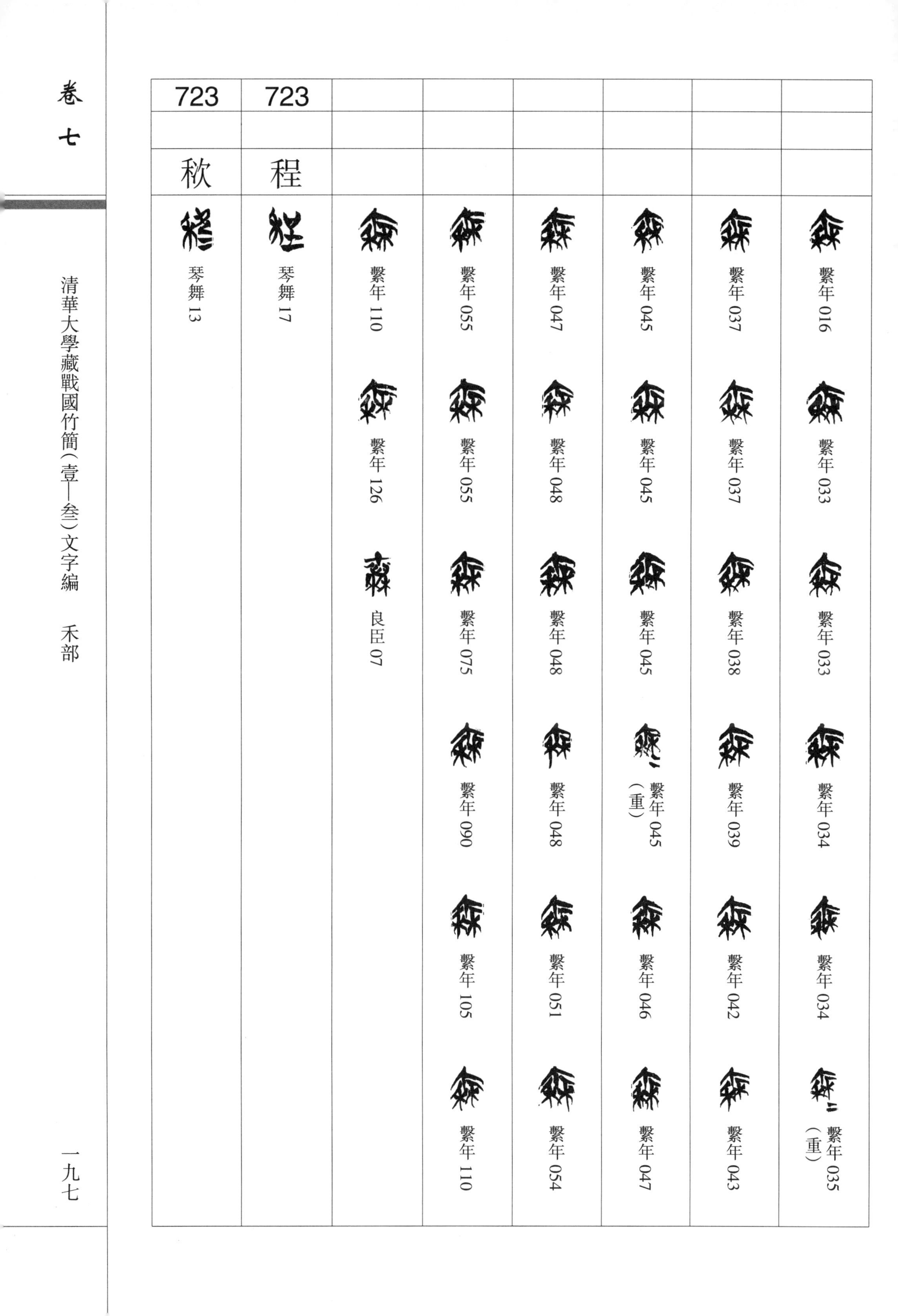

						723	723
						程	秋
繫年016	繫年037	繫年045	繫年047	繫年055	繫年110	琴舞17	琴舞13
繫年033	繫年037	繫年045	繫年048	繫年055	繫年126		
繫年033	繫年038	繫年045	繫年048	繫年075	良臣07		
繫年034	繫年039	繫年045（重）	繫年048	繫年090			
繫年034	繫年042	繫年046	繫年051	繫年105			
繫年035（重）	繫年043	繫年047	繫年054	繫年110			

730	729	729	729	729	727		727
							［竊］
兇	𦦗	鼂	脂	涾	糃		糤
 芮良夫20	 良臣10	 良臣03 重見901	 説命下03	 金縢11  金縢12  皇門01  琴舞09  琴舞10  芮良夫24	 皇門11	糤  楚居04	 繫年079

清華大學藏戰國竹簡（壹—叁）文字編　林·宀部

字頭表（字形與出處，由右至左）：

732	739 ［家］	739 ［宅］	739	739
楚	豕	厇	室	向

楚（732）：芮良夫08、芮良夫23、芮良夫24

豕［家］（739）：金縢11（重見329）、金縢12、祭公07、祭公17、琴舞07、皇門03；皇門05、皇門06、皇門06、皇門07、皇門08、皇門10

厇［宅］（739）：尹至05（重見931）、祭公04、祭公05、芮良夫03、芮良夫11、芮良夫16；芮良夫24

室（739）：耆夜01、皇門07、祭公17、楚居04（重）、繫年015、繫年038；繫年076、繫年077、繫年114、繫年115、赤鵠07、赤鵠12

向（739）：程寤07、說命上01、良臣05

739	739		739	739	739		739
	［盜］						
宇	盜		定	安	富		實
 楚居08	 皇門06 重見742	 芮良夫21	 繫年115	 繫年069	 良臣10	稟	 保訓06
	 皇門12	 芮良夫28（殘）	 繫年129	 繫年070		 芮良夫01	 皇門06
	 琴舞07		 繫年136	 芮良夫16		 芮良夫04	
	 琴舞08		 琴舞05				
	 芮良夫02		 芮良夫18				
	 芮良夫17		 良臣09				

739	739		739	739		739	739
	［寶］						
容	寚		宧	宰		宜	宵
 程寤07	 皇門02	保	 良臣08	 良臣11	⿱宀⿰辛刂	 金縢12	 楚居07
 楚居08	 皇門12	 程寤09 重見801			 繫年083	 良臣03	 楚居07
					 繫年131	 繫年116	 楚居07

739	739		739	739	739	739	739
［宿］			［寡］				［害］
価	寑		寡	宁	客	寓	害
 保訓 11 重見 711	 皇門 10	帰  赤鵠 05  赤鵠 07  赤鵠 11	 皇門 01 重見 901	 良臣 06	 耆夜 01  耆夜 02  繫年 026	 芮良夫 28	 尹誥 02  琴舞 13

萬

保訓08
重見557

憲

尹至03
重見1039

739 宋

繫年003

繫年036（重）

繫年041

繫年041

繫年042

繫年043

繫年056（重）

繫年057

繫年057

繫年058

繫年059（重）

繫年059

繫年059

繫年088

繫年089

繫年097

繫年111

繫年113

繫年114

繫年114

繫年119

繫年124

繫年126

繫年126

良臣07

739 宗

程寤02

程寤03

皇門02

祭公13

祭公15

楚居02

739	739	739	739	739	739	739	739
宗	宔	宴	⿱宀⿱主土	⿱宀甚	⿱宀⿱从心	⿱宀今	⿱宀⿰爿頁
 楚居 02	 耆夜 02（殘）	 祭公 16	 祭公 13	 祭公 13	 耆夜 07（殘）	 尹至 05	 程寤 09
 楚居 04	 祭公 08						
 繫年 017	 楚居 05						
 說命中 01							

739	739	739	739	739	739	739	739
⿱宀督	⿱宀釜	䆁	⿱宀彔	⿱宀貝	宙	⿱宀付	宅
 繫年 039	 琴舞 01 重見 1225	 繫年 015	 繫年 013  繫年 014	 繫年 052	 尹誥 04 重見 110	 祭公 05  祭公 09	 楚居 04  楚居 05

742	742	742	740	739	739	739	739
［窮］							
竆	空	穴	宮	客	⿱宀田	⿱宀韋	⿱宀誩
 楚居 01	 楚居 01 重見 1314	 楚居 02	 楚居 10  良臣 03  良臣 03	 芮良夫 05  芮良夫 24	 琴舞 10 （訛）	 説命上 05	 繫年 046 重見 814  繫年 046  繫年 093  繫年 094

744				744	742	742	742
［病］							
痞				疾	穼	⿱穴盃	窾
 保訓03（殘）	 赤鵠11	 説命中04	 祭公01	 程寤05	 芮良夫11	 皇門06 重見739	 祭公19
	 赤鵠11	 説命中07	 祭公02	 保訓02	 芮良夫26		
	 赤鵠12	 赤鵠06	 祭公03	 保訓03			
	 赤鵠13	 赤鵠07	 祭公10	 金縢03			
		 赤鵠08	 祭公20	 金縢09（殘）			
		 赤鵠08	 繫年137	 金縢14（背）			

744	744	744	744	744	744	744	744
瘠	瘁	癢	瘳	疫	瘧	癰	
![字形] 楚居16	![字形] 保訓01 ![字形] 金縢01	![字形] 尹至02	![字形] 祭公03 ![字形] 祭公10 ![字形] 說命中04 ![字形] 赤鵠13	![字形] 繫年101	![字形] 繫年002	![字形] 繫年051 ![字形] 繫年054	㐼 ![字形] 說命中07 重見1039

744	744	744	745	746		747	749
瘍	痓	痳	冃	同		冐	罔
 繫年 051	 說命下 04	 赤鵠 05	 皇門 07 重見 438	 耆夜 04	 琴舞 12	 楚居 07	 說命中 04
 繫年 054				 金縢 02	 芮良夫 11		 說命下 02
				 楚居 10	 良臣 07		 說命下 02
				 繫年 024			 說命下 04
				 繫年 039			 說命下 06
				 繫年 103			 說命下 07

749		罔	 説命下 09  琴舞 01  琴舞 15  芮良夫 13  芮良夫 18  芮良夫 22
749	［罪］	辠	 保訓 08 重見 1432  皇門 08  祭公 15  繫年 051  琴舞 08  芮良夫 27
749		羅	 繫年 100  説命下 04  良臣 07
749		罟	 楚居 02
749		罧	 説命下 04
749		罶	 説命下 04
749		羿	 赤鴼 05
751		帥	 楚居 07

751	751	751	751	751	753	754	
	[帶]	[席]					
幕	⿰糸帶	⿱竹石	⿰巾⿱罒呂	敀	帛	白	
 繫年136	 繫年072 重見1301	 耆夜12 重見501	 繫年117	 程寤02 重見348	 繫年059	 尹至01	 繫年005
		 赤鵠09	 繫年136			 尹誥04	 繫年006
						 楚居02	 繫年007
						 楚居13	 繫年057
						 繫年003	 繫年058
						 繫年003	 繫年059

754 白

繫年068

繫年083

繫年124

繫年126

良臣01

良臣03

良臣03

良臣09

良臣10

赤鵠07

赤鵠11

赤鵠13

赤鵠14

赤鵠14

赤鵠15

755 㡀

繫年068

755 敝

程寤02（殘）

程寤07

801 人

程寤09（重）	皇門09	繫年006	繫年021	繫年038	繫年046	繫年052	繫年064
程寤09	皇門12	繫年006	繫年024	繫年038	繫年046	繫年054	繫年071
皇門01	楚居04	繫年009	繫年036	繫年045	繫年048	繫年059	繫年074
皇門04	楚居04	繫年018	繫年036	繫年045	繫年051	繫年059	繫年079
皇門05	楚居08	繫年019	繫年037	繫年045	繫年051	繫年063	繫年080
皇門09	繫年005	繫年021	繫年037	繫年046（重）	繫年052	繫年064	繫年082

801

人

- 繫年083
- 繫年084
- 繫年085
- 繫年086
- 繫年094
- 繫年100
- 繫年100
- 繫年102
- 繫年102
- 繫年103
- 繫年105
- 繫年107
- 繫年111
- 繫年112
- 繫年117
- 繫年122
- 繫年126
- 繫年127
- 繫年129（重）
- 繫年130（重）
- 繫年132
- 繫年132
- 繫年135
- 繫年136
- 繫年137
- 良臣01
- 耆夜05
- 金縢06
- 金縢08
- 金縢09
- 金縢11
- 金縢11
- 金縢12
- 金縢13
- 祭公09
- 祭公20
- 說命上01
- 說命上01
- 說命上01
- 說命上06
- 說命下03
- 琴舞04
- 琴舞07
- 琴舞09
- 琴舞10
- 琴舞12
- 琴舞14
- 芮良夫03

801	801	801	801		801		
			［仁］				
侗	俟	伊	𡰥		保		
 良臣 01	 皇門 11	 良臣 02	 耆夜 03 重見 1020	 芮良夫 13	 程寤 09 重見 739	 赤鵠 12	 芮良夫 08
		 良臣 02		 良臣 01	 保訓 01	 保訓 03	 芮良夫 10
				 良臣 02	 保訓 03		 芮良夫 23
					 耆夜 01		 芮良夫 24
					 祭公 07		 芮良夫 24
					 説命上 05		 赤鵠 08

801	801	801	801			801	801
［作］							
复	亻亙	依	仢			備	佐
尹誥 02 重見 332	楚居 03	皇門 09	繫年 103	琴舞 10	皇門 05	保訓 06	琴舞 12
尹誥 03					皇門 10	保訓 09	
保訓 04					說命中 06	保訓 10	
耆夜 02					說命下 02	耆夜 05	
耆夜 03					說命下 03	耆夜 06	
耆夜 05					說命下 06	金縢 03	

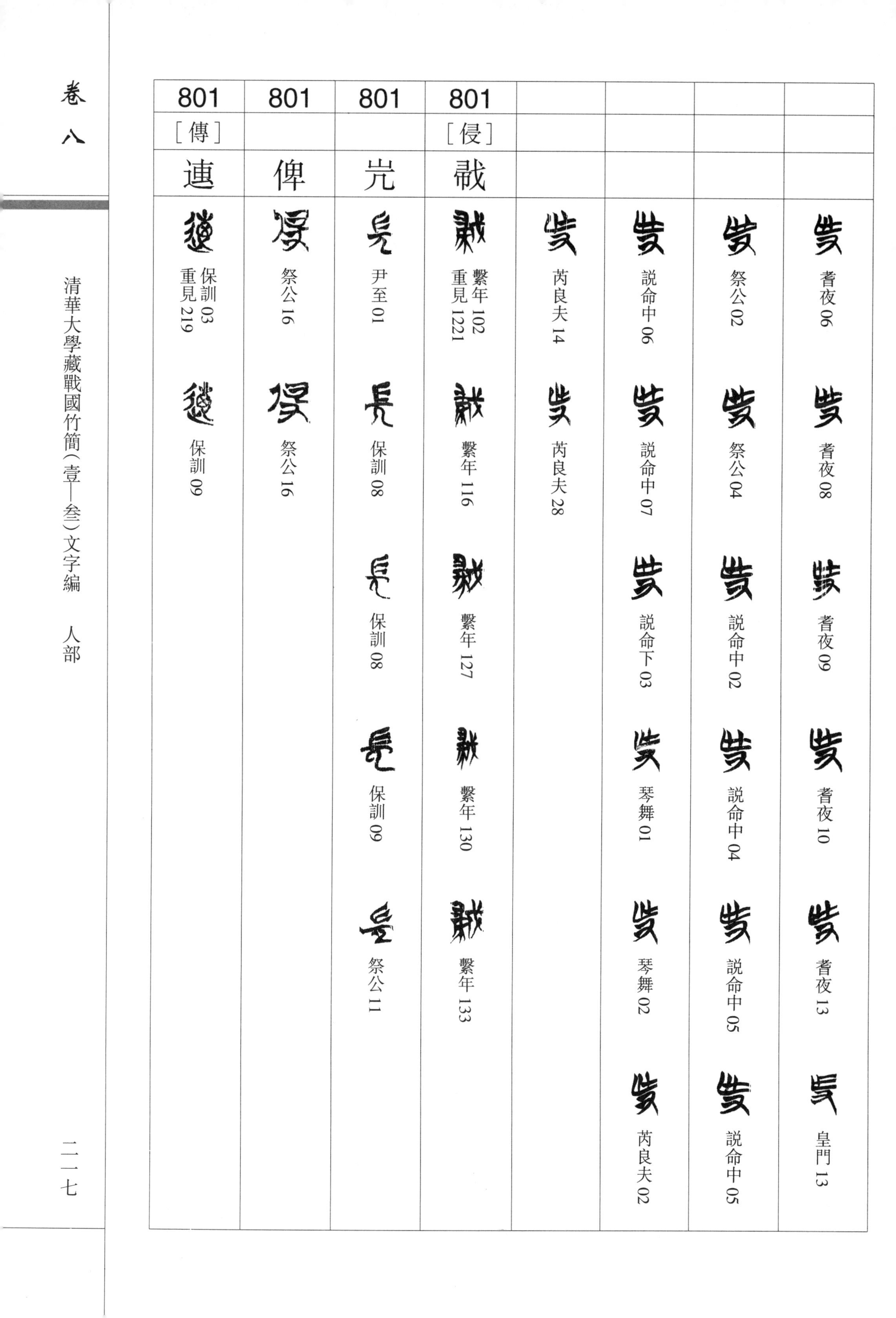

801	801	801	801				
［傳］			［侵］				
連	俾	𡵂	𢧐				
保訓 03 重見 219 保訓 09	祭公 16 祭公 16	尹至 01 保訓 08 保訓 08 保訓 09 祭公 11	繫年 102 重見 1221 繫年 116 繫年 127 繫年 130 繫年 133	芮良夫 14 芮良夫 28	説命中 06 説命中 07 説命下 03 琴舞 01 琴舞 02 芮良夫 02	祭公 02 祭公 04 説命中 02 説命中 04 説命中 05 説命中 05	耆夜 06 耆夜 08 耆夜 09 耆夜 10 耆夜 13 皇門 13

801	801	801	801				
［使］							
吏	僂	俑	伐				
 繫年058（訛） 重見334	 芮良夫08 重見623	 芮良夫12	 耆夜01	 繫年025	 繫年056	 繫年098	 繫年109
	 芮良夫17		 繫年014	 繫年028	 繫年080	 繫年098	 繫年112
			 繫年014	 繫年039	 繫年085	 繫年101	 繫年113
			 繫年019	 繫年041	 繫年087	 繫年101	 繫年120
			 繫年021	 繫年042	 繫年089	 繫年105	 繫年123
			 繫年025	 繫年047	 繫年094	 繫年105	 說命上04

	801	801	801	801			801
	俘	但	咎	弔			屈
 說命上05	 繫年044  繫年124	 金縢04	 良臣01  良臣05	 耆夜02  金縢07  祭公18  繫年018  繫年057  良臣03	 良臣05  良臣08  良臣09	⿱弔口  楚居03	 繫年015 重見931

801	801	801	801	801	801	801	801
伓	侓	俤	免	⿰亻缶	偉	⿰亻宴	佳
 保訓08  祭公20	 皇門12	 耆夜03  金縢07  芮良夫08	 楚居07  楚居08  楚居09	 繫年051	 繫年127 重見205	 繫年034	 芮良夫08

	806	805	804		804	801	801
	北	比	并		從	亘	⿰亻絲
繫年 122	楚居 10	皇門 05	芮良夫 23	繫年 137	耆夜 04	琴舞 09	説命上 03 重見 312
説命上 06	繫年 029	楚居 01		説命上 06	耆夜 12		
	繫年 045	説命中 01		説命上 07	皇門 09		
	繫年 052			赤鵠 14	楚居 02		
	繫年 063			繫年 121	楚居 03		
	繫年 112				繫年 026		

807			808		808	809	809
						［徵］	［朢］
丘			眾		聚	⿱山王	⿰貝𡈼
 楚居 09	 繫年 021	⿱丘土	 尹至 01	 芮良夫 12	 繫年 050	 繫年 076	 程寤 03 重見 832 重見 1227
 楚居 09	 繫年 022	 良臣 08	 尹至 02	 赤鵠 06	 芮良夫 01		
 繫年 018	 繫年 115		 尹誥 01	 赤鵠 07			
 繫年 018	 繫年 124		 尹誥 03	 赤鵠 09			
 繫年 020			 尹誥 04				
 繫年 021			 楚居 08				

810	811		811	812		813	
量	監		臨	身		殷	壂
 程寤07	 程寤08	 繫年013	 耆夜08	 程寤09	 說命中07	 繫年013	
	 耆夜03		 繫年067	 保訓06	 芮良夫01	 繫年017	 祭公10 重見1314
	 皇門04			 保訓11	 芮良夫11	 繫年018	
	 皇門12			 皇門13	 芮良夫28		
	 繫年001			 祭公03	 赤鵠09		
	 繫年013			 說命中04	 赤鵠13		

814	814	814	813
		[襲]	
襄	褱	袤	

右欄（813）袤/醫：
- 金縢01 重見624
- 繫年013
- 說命上01
- 說命上07
- 說命中01

欄（814 袤）：
- 楚居09
- 楚居09
- 楚居10
- 楚居10
- 楚居11
- 楚居12

欄：
- 楚居13
- 楚居13
- 楚居13
- 楚居16
- 繫年038
- 繫年111

褱（富）：
- 繫年046 重見739

欄（814 褱）：
- 程寤08
- 繫年035
- 繫年037
- 繫年038
- 繫年038
- 繫年039

襄：
- 芮良夫15

欄（814 襄）：
- 繫年011
- 繫年044
- 繫年047
- 繫年050
- 繫年051
- 繫年051

欄（襄）：
- 繫年053
- 繫年076
- 繫年113

815	814	814		814	814	814
［裘］				［卒］	［裕］	
求	袂	襡		采	襃	被

右起第一列（被）：
- 皇門07
- 繫年065

第二列（［裕］襃）：
- 耆夜07
- 説命下10
- 琴舞05
- 琴舞06

第三列（［卒］采）：
- 繫年020 重見329
- 繫年032
- 繫年038
- 繫年047
- 繫年050
- 繫年062

第四列（空欄）：
- 繫年087
- 繫年119

第五列（襡）：
- 繫年085

第六列（袂）：
- 説命上03

第七列（815 ［裘］求）右半：
- 皇門08
- 祭公18
- 繫年025
- 繫年025
- 繫年048
- 繫年050

第七列（求）左半：
- 繫年071
- 繫年075
- 繫年086
- 繫年137
- 説命上01
- 琴舞05

815	816	816	816	816	816	816	817
[裘]							
求	老	耆	耇	⿱耂古	壽	考	毛
 琴舞09	 繫年073	 皇門01	 皇門01	 皇門01	 耆夜09	 皇門13	 祭公09
 芮良夫03	 繫年076				 繫年011	 琴舞01	
 芮良夫11	 良臣08（重）				 繫年012	 琴舞01	
 芮良夫12							

817 毾

琴舞05

819 居

楚居04

楚居05

楚居05

楚居06

楚居06

楚居06

楚居06

楚居07

楚居07

楚居07

楚居07

楚居08

楚居08

楚居08

楚居09

楚居10

楚居10

楚居10

楚居11

楚居11

楚居12

楚居12

楚居12

楚居13

楚居14

楚居14

楚居15

楚居15

楚居15

楚居15

楚居16

楚居16

繫年016

繫年019

繫年036

繫年041

繫年042

繫年100

繫年107

819	819	819	819	819	819	821	822
［屋］	［尸］						［履］
[illegible]	[illegible]	[illegible]	屎	尾	[illegible]	屈	[illegible]
 赤鴼 01 重見 1003	 楚居 05	 祭公 11	 繫年 014	 琴舞 08	 祝辭 02	 楚居 04	 祭公 15 重見 901
 赤鴼 13						 繫年 075	
 赤鴼 14						 繫年 108	
 赤鴼 15							
 赤鴼 15（背）							

					823	823	823
					朕	俞	舟
絭  芮良夫 24 重見 1301	縢  祭公 03 重見 1301	 保訓 02  保訓 03  保訓 10	 說命下 02  說命下 05  說命下 10  說命下 10  赤鵠 11  赤鵠 11	 皇門 12  說命上 03  說命中 02  說命中 04  說命中 04  說命下 02	 尹誥 03  程寤 06  皇門 01  皇門 01  皇門 01  皇門 12	 皇門 08  繫年 113	 皇門 13  說命中 05

823	823	823	824				
服	⿰舟主	⿰舟旦	方				
 繫年074	 皇門13	 楚居05	 程寤03	 金縢04	 楚居01	 繫年029	 說命中06
 繫年080			 耆夜04	 皇門03	 楚居02	 繫年042	 說命下05
 繫年103			 耆夜04	 祭公05	 繫年010	 繫年091	 芮良夫01
 繫年120			 耆夜05	 祭公13	 繫年017	 繫年101	 芮良夫10
			 耆夜05	 祭公13	 繫年020	 繫年102	 芮良夫13
			 金縢02	 祭公18	 繫年021	 說命上02	 芮良夫21

825	825		825	825	826		828
兀	允		兑	⿱兑貝	兄		皃
 繫年056 重見101	 程寎08	 芮良夫16	 皇門02	 說命下02	 皇門12	⿰兄生	 保訓06
	 保訓03					 耆夜03	 芮良夫07
	 保訓07					 金縢07	 金縢10 重見318
	 琴舞04						
	 祭公09（殘）						
	 說命中02						

830				832			832
							［視］
先				見			⿱目人
金縢02	皇門07	繫年066	芮良夫12	尹至03	繫年028	赤鵠04	祭公02
金縢03	皇門12	繫年068	芮良夫13	程寤01	繫年028	赤鵠04	說命中06
金縢08	祭公18	繫年089	芮良夫17	金縢08	繫年090		說命中06
皇門05	祭公19	繫年098		楚居01	繫年099		說命中07
皇門05	楚居02	說命中03		繫年027	繫年109		說命下03
皇門07	繫年018	芮良夫10		繫年028	繫年110		說命下06

	832	832	832	832	832	832	832
	觀	親	⿰見韋	⿰見垔	⿰見辱	覔	⿰見㞷
 說命下 06  琴舞 08  琴舞 08  赤鵠 06	 繫年 001  繫年 067	 保訓 04  金縢 12	 繫年 126	 尹至 04	 祭公 21 重見 901	 皇門 01  芮良夫 20	 程寤 03 重見 809 重見 1227

832	832	832	832	832	832	832	834
⿰麗見	⿱⿰見心臼	⿰見巠	⿰見旨	⿰見巨	⿰睿見	覞	欲
 説命下04	 芮良夫18	 芮良夫15	 琴舞03	 説命中06	 説命上05	 説命中04	 程寤05  程寤06  繫年031  芮良夫05  繫年048  繫年056

			836	835	834	834	
				[飲]		[歌]	
			次	歙	欹	訶	
			 保訓 10	 耆夜 01  耆夜 03  耆夜 04  耆夜 06  耆夜 09	 赤鵠 09	 耆夜 03 重見 312	 繫年 064  繫年 086  保訓 05

901	901	901	901	901	901	901	901
		［夏］		［顧］	［顛］	［顏］	
𡕘	頪	頣	⿰絲頁	⿰目夏	𩒨	庵	頌
 皇門01 重見739  芮良夫05  芮良夫15	 祭公15 重見822	 尹至01 重見556	 祭公07	 祭公21 重見832	 良臣03 重見729	 祭公18 重見917	 繫年101  琴舞11  琴舞14  芮良夫01（背）（殘）  芮良夫23

905	905	902	902	902	902	901	901
馘	首	⿱殸首	⿰月頁	⿱山首	脜	額	頓
 繫年 044  繫年 124	 繫年 011	 繫年 020	 楚居 03 重見 1008	 金縢 02	 程寤 08  皇門 05  皇門 13  説命下 02  芮良夫 03	 繫年 081	 繫年 068

907 須

良臣06

908 弱

芮良夫15

祝辭01

909 彥

琴舞16

910 文

耆夜01

祭公04

祭公06

祭公08

祭公10

祭公11

祭公12

祭公12

祭公15

楚居08

繫年008

繫年009

繫年012

繫年021（重）

繫年024

繫年025

繫年026

繫年026

繫年026

繫年027

繫年027

繫年029

繫年032（重）

繫年036

繫年038

繫年038

繫年039

繫年041

繫年041

繫年043（重）

			910	913		915	
			⿱吅文	司		卲	
繫年 045	琴舞 02	良臣 04	皇門 06	耆夜 03	芮良夫 18	楚居 12	繫年 064
繫年 047	琴舞 07	程寤 08		皇門 11	良臣 06	繫年 010	繫年 066
繫年 088	琴舞 07（重）			繫年 077	祝辭 01	繫年 011	繫年 082
繫年 096	琴舞 12			繫年 078		繫年 051	繫年 083
繫年 097	琴舞 16			繫年 114		繫年 052	繫年 084
繫年 121	良臣 02			説命下 05		繫年 052	繫年 099

918	917	916				915
卿	庖	印				邵
![祭公05]	![祭公18]	![祭公02]	聖	卯	![琴舞13]	![繫年100]
祭公05	祭公18 重見901	祭公02			琴舞13	繫年100
![祭公16（殘）]		![琴舞05]	![繫年101]	![繫年127]	![赤鵠04]	![繫年102]
（殘）祭公16		琴舞05	繫年101 重見1314	繫年127	赤鵠04	繫年102
![繫年002]					![赤鵠04]	![繫年104]
繫年002					赤鵠04	繫年104
					![祭公08]	![繫年106]
					祭公08	繫年106
					![祭公03]	![繫年106]
					祭公03	繫年106
					![祭公06]	![繫年106]
					祭公06	繫年106
						![繫年106]
						繫年106

919			920	920	922		
辟			旬	匔	敬		
尹誥02	繫年005	琴舞11	說命上01	說命中01	程寤02	說命中06	琴舞06
皇門03	繫年069	芮良夫01			程寤04	說命下07	琴舞11
皇門05	說命上02				程寤04	琴舞01	琴舞13
皇門10	說命下05				程寤06	琴舞02	琴舞16
祭公03	說命下09				祭公20	琴舞02（重）	琴舞16
祭公19	琴舞04				說命中03	琴舞03	芮良夫02

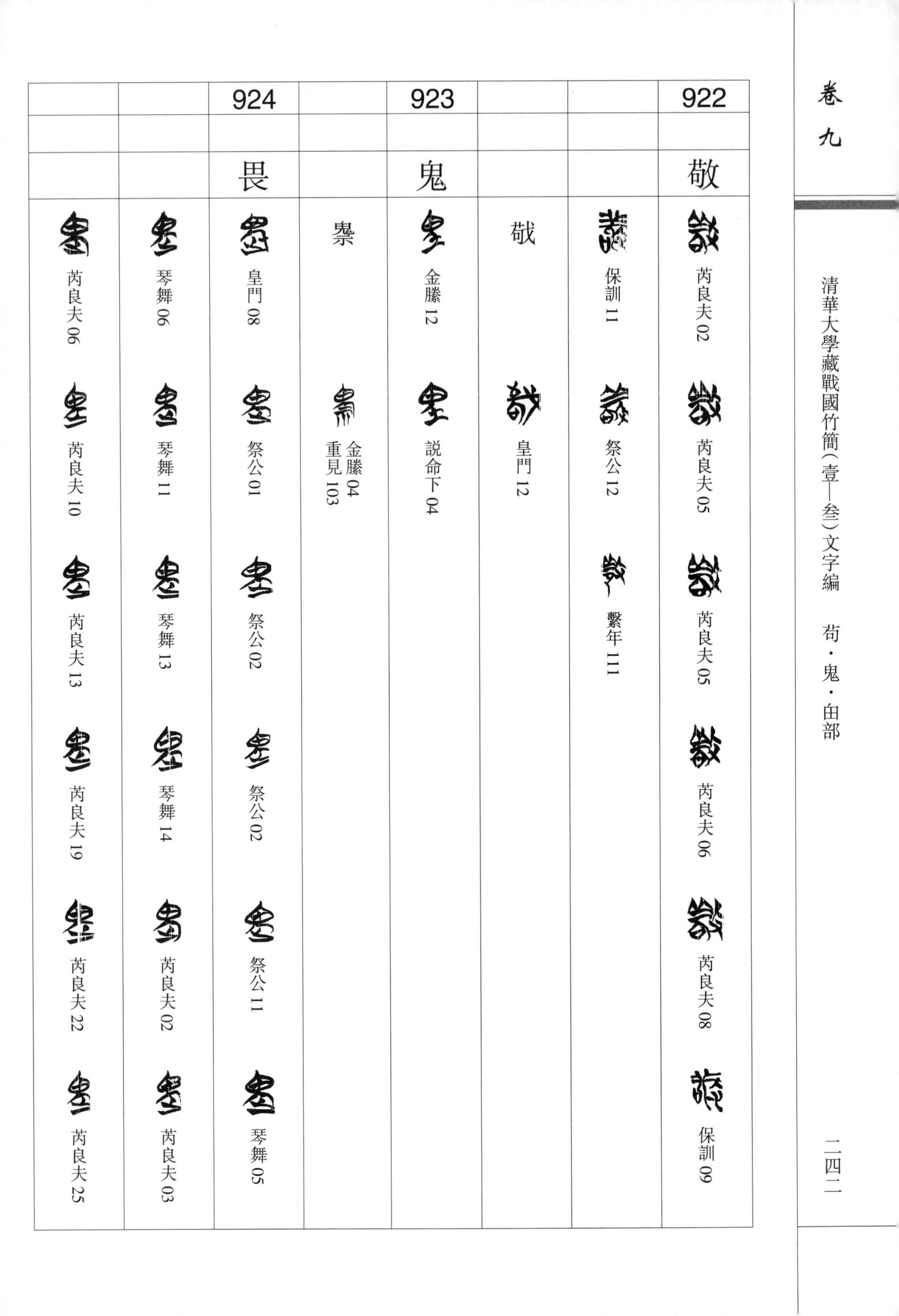

922			923		924		
敬			鬼		畏		
芮良夫02	保訓11	敧	金縢12	⿱鬼示	皇門08	琴舞06	芮良夫06
芮良夫05	祭公12	皇門12	説命下04	金縢04 重見103	祭公01	琴舞11	芮良夫10
芮良夫05	繫年111				祭公02	琴舞13	芮良夫13
芮良夫06					祭公02	琴舞14	芮良夫19
芮良夫08					祭公11	芮良夫02	芮良夫22
保訓09					琴舞05	芮良夫03	芮良夫25

字頭	隸定	字形	出處
		愄	繫年058 重見1039；繫年059；芮良夫15；芮良夫26
925		厶	皇門03 重見723
925 ［羑］		誘	繫年027 重見312
926 ［嵬］		嵬	繫年115；繫年116；繫年119；繫年121；繫年134
927		山	程寤03；楚居01；楚居01；楚居01；繫年101；繫年112
927 ［巖］		厳	説命上02 重見931；説命中01；琴舞05
927 ［峭］		陗	芮良夫06 重見1411
927		岍	楚居06；楚居06

931	931	931		930	930	927	927
	[广]						
曆	屁	厰		庶	府	岙	嘘
 繫年 014  繫年 014	 繫年 015 重見 801	 說命上 02 重見 927	 芮良夫 12  芮良夫 21  芮良夫 21	 程寤 06  保訓 05  耆夜 04  說命中 03  芮良夫 01 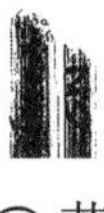 芮良夫 12（殘）	 說命中 06	 繫年 054  繫年 055	 繫年 048

934	934	934	934	934	931	931	931
	［礪］						
⿰石力	礪	⿸石林	⿸石乇	石	厈	⿸厂夏	厇
 琴舞02	 說命中02	 繫年071（訛）	 楚居01	 金縢08  說命下07	 良臣10	 良臣10	 尹至05 重見739

編號	字頭	出處
934	砥	説命中05
935	長	程寤06、皇門11、繫年082、繫年112、繫年113、繫年117
		繫年123、繫年132、繫年133
935	⿱尚長	楚居02
936	勿	尹至05、尹誥03、程寤06、程寤08、保訓04、保訓06
		耆夜07、金縢06、金縢11、説命上05（重）、説命下03、琴舞13
936	昜	皇門02、繫年100、繫年114、繫年116、繫年116、繫年120
		繫年129、繫年134、繫年134、繫年134、繫年135、繫年135

繫年136
繫年137

938 而

耆夜11
耆夜13
耆夜14
祭公17
芮良夫04
芮良夫04

芮良夫05
芮良夫05
芮良夫05
芮良夫07
芮良夫08
芮良夫16

芮良夫20
芮良夫22
芮良夫23
芮良夫25
芮良夫26
芮良夫28

赤鵠02
赤鵠03
赤鵠04
赤鵠05
赤鵠06
赤鵠08

赤鵠10
赤鵠11
赤鵠12
楚居05
楚居08
繫年011

繫年013
繫年031
繫年033
繫年036
繫年039
繫年051

繫年052
繫年052
繫年068
繫年081
繫年082
繫年091

938	939	940	942	945		946	
而	豕	𢑚	𧱓	易		豫	
 繫年093	 說命上04	 皇門01	 繫年117 重見219	 保訓05	 琴舞06	 繫年042	
 繫年115	 說命上05			 保訓06	 琴舞11	 繫年045	
 繫年117	 說命上05			 保訓08（重）	 琴舞14	 繫年052	
 繫年128	 說命上06			 說命下03	 芮良夫20	 繫年117	
 繫年136				 說命下08		 芮良夫15	
 繫年136				 琴舞02			

1001	1001	1001	1001	1003	1003	1003	1003
馬	驪	駿	駐	鹿	麋	麗	麇
 繫年077  繫年078  繫年130  良臣06	 繫年031	 繫年058 重見220	 赤鵠05	 楚居07	 繫年057	 尹誥02  楚居03  楚居03	 繫年042

1003	1003	1006		1006	1008	1008	1008
				［逸］			［狀］
⿸鹿圭	麈	兔		⿰爿兔	犬	狗	⿰爿盾
 繫年122	 赤鵠01 重見819	 琴舞03	 赤鵠15	 耆夜02 重見219	 繫年136	 繫年112	 楚居03 重見902
		 赤鵠07		 繫年058			 說命上02
		 赤鵠11		 琴舞07			 琴舞03
		 赤鵠13		 琴舞08			 芮良夫11
		 赤鵠14		 芮良夫07			
		 赤鵠14					

字號	隸定	字頭	字形
1008		犮	 繫年056
1008		戾	 祭公15  芮良夫24  芮良夫27
1008		獻	 皇門03  楚居13  繫年031  繫年032  繫年044  繫年072
			 繫年085  繫年106  繫年124  芮良夫13  芮良夫23
1008	［狂］	⿰忄㞷	 楚居04 重見1039
1008	［猶］	猷	 耆夜07  楚居12  楚居16  繫年050  芮良夫02  芮良夫03
			 芮良夫11  芮良夫15
1008		獸	 尹誥01 重見1423

1008	1008	1009	1011			1013	1013
[illegible]	[illegible]	獄	能			火	然
繫年119	芮良夫04	皇門11	金縢04 金縢04 皇門04 皇門06 皇門06 皇門06	繫年036 繫年037 繫年050 繫年068 說命下03 芮良夫04	芮良夫19 芮良夫26 芮良夫27 芮良夫27 赤鵠06	祝辭02	赤鵠04 赤鵠04

	1020	1019	1015	1014	1013	1013	1013
	大	赤	⿰黑章	⿱炏又	⿱⿰目月火	光	焚
保訓 09	尹至 04	繫年 019	良臣 01	耆夜 05 重見 332	祭公 17 重見 707	耆夜 08	楚居 07
保訓 11	程寤 01	繫年 116				皇門 07	楚居 07
耆夜 01	程寤 02	繫年 117				繫年 093	楚居 07
耆夜 01	程寤 02	說命上 06				琴舞 03	繫年 092
耆夜 11	程寤 02	赤鵠 01				良臣 07	芮良夫 21
耆夜 12	程寤 03	赤鵠 15（背）					

1020							1020
［夷］							
𡰥							大
耆夜03 重見801	芮良夫25	繫年131	繫年031	楚居15	祭公16	皇門02	耆夜14
金縢01	良臣07 重見1033	繫年135	繫年048	楚居16	祭公16	皇門02	金縢09
祭公02	良臣09	説命下08	繫年083	繫年002	祭公18	祭公07	金縢09
繫年043	良臣11	説命下08	繫年101	繫年004	楚居14	祭公10	金縢13
良臣01		琴舞14	繫年114	繫年016	楚居14	祭公10	金縢13
祝辭02		琴舞14	繫年121	繫年019	楚居15	祭公12	金縢14

屢

琴舞10

1021 夾

耆夜02
祭公06

1021 亦

尹誥01
金縢09
金縢11
金縢12
皇門12
祭公05

祭公07
祭公11
祭公11
祭公11
祭公12
祭公19

祭公19
楚居04
繫年010
繫年023
繫年027
繫年036

繫年090
繫年090
繫年131
繫年133
繫年135
繫年137

説命下03
説命下04
説命下05
説命下06
琴舞05
琴舞10

芮良夫19
芮良夫25
赤鵠03
赤鵠04

1022 吳

繫年074　繫年079　繫年079　繫年079　繫年080　繫年080

繫年080　繫年081　繫年082　繫年083　繫年083　繫年084

繫年084　繫年084（重）　繫年098　繫年101　繫年105　繫年106（重）

繫年108　繫年108　繫年109　繫年109　繫年111　繫年111

良臣07

1023 夭

繫年093　繫年094　良臣02　良臣03

1023 喬

皇門09　楚居01　楚居06　楚居06

1023 奔

繫年020　繫年032　繫年032　繫年055　繫年093　繫年093

	1024	1028	1028		1028		
	交	幸	睪		執		
 繫年100	 繫年043	 芮良夫09	 程寤07	⿱罒弄	 尹至05	 繫年035	⿱埶女
	 芮良夫18		 耆夜01	 楚居04	 尹至05	 繫年080	 楚居06 重見1211
	 芮良夫23		 皇門03		 尹誥02	 繫年135（殘）	 楚居06
			 說命下02		 尹誥03	 說命上03	
			 琴舞04		 金縢06		
			 琴舞14		 金縢10		

	1034	1033	1028		1028		1028
	夫	大	虢		[illegible]		
皇門10 皇門11（重） 皇門11 皇門12 皇門12 繫年073	耆夜10 耆夜10 耆夜12 皇門03 皇門09 皇門10	良臣07 重見1020	繫年089 繫年097 繫年102	睪 祭公10	皇門10 重見601	祝辭02	執 繫年049 繫年060 繫年070 繫年098 祝辭01

（夫，續）

繫年110　繫年110　琴舞04　芮良夫02　芮良夫07　良臣07（重）

1034 㚘

繫年105　繫年106

1035 立

保訓05　耆夜02　金縢02　金縢07　皇門01　皇門07

祭公01　楚居12　繫年003　繫年003　繫年004　繫年007

繫年008　繫年009　繫年010　繫年010　繫年011　繫年012

繫年013　繫年018　繫年020　繫年021　繫年032　繫年033

繫年034　繫年038　繫年039　繫年041　繫年045　繫年052

繫年053　繫年055　繫年056　繫年058　繫年061　繫年066

1035

立

繫年 074

繫年 074

繫年 077

繫年 081

繫年 083

繫年 085

繫年 087

繫年 091

繫年 093

繫年 096

繫年 096

繫年 097

繫年 098

繫年 100

繫年 100

繫年 099

繫年 104

繫年 104

繫年 105

繫年 106

繫年 108

繫年 109

繫年 109

繫年 110

繫年 111

繫年 112

繫年 114

繫年 119

繫年 126

繫年 127

琴舞 07

琴舞 11

琴舞 12

芮良夫 16

1035

跛

繫年 114

1035

詨

繫年 135

1038	1037		1037	1036	1035	1035
思	恩		凶	並	堂	孊

1038 思
- 琴舞 04
- 琴舞 05
- 琴舞 05
- 琴舞 08
- 琴舞 09
- 琴舞 10

1038 思
- 程寤 08
- 楚居 04
- 繫年 057
- 説命下 07
- 琴舞 04
- 琴舞 04

1037 恩
- 琴舞 14 重見 1039

1037 凶（空欄）
- 繫年 104
- 赤鵠 08

1037 凶
- 繫年 034
- 繫年 038
- 繫年 041
- 繫年 048
- 繫年 067
- 繫年 086

1036 並
- 程寤 03

1035 堂
- 芮良夫 10 重見 1318
- 芮良夫 22

1035 孊
- 説命中 07

清華大學藏戰國竹簡（壹—叁）文字編　思·心部

1039				1039	1038
息				心	思

思（1038）：琴舞10、琴舞12、琴舞13、琴舞16、琴舞16

赤鵠欄：芮良夫10、赤鵠09、赤鵠12、赤鵠13

心（1039）：尹誥02、祭公05、祭公09、祭公11、祭公12、繫年002

繫年欄：繫年039、說命中02、說命中03、說命中04、說命中05、說命中06

說命欄：說命中07、說命下10、琴舞07、琴舞10、琴舞11、琴舞14

芮良夫欄：芮良夫04、芮良夫08、芮良夫11、芮良夫20、芮良夫26、芮良夫27

祝辭欄：祝辭03、赤鵠13

息（1039）：祭公16、祭公16、琴舞12

1039 情

耆夜07

芮良夫16

1039 志

尹至01

尹至02

尹誥03

保訓04

金縢08

金縢14（背）

祭公11

芮良夫01（背）（殘）

1039 意

程寤07

1039 悳

尹至02

尹至05

尹誥01

保訓07

耆夜07

金縢12

皇門02

皇門02

皇門08

皇門09

皇門12

皇門13

祭公02

祭公05

祭公06

祭公07

祭公18

繫年020

繫年042

説命中06

説命下02

説命下08

説命下09

琴舞03

1039			1039	1039			1039
［憲］							
憲			念	快			悳
皇門 04	念	保訓 03	尹誥 01	芮良夫 27（殘）	芮良夫 21	芮良夫 07	琴舞 05
皇門 13	繫年 017		祭公 08		芮良夫 22（殘）	芮良夫 10	琴舞 06
			祭公 17（殘）			芮良夫 14	琴舞 09
			琴舞 13			芮良夫 16（殘）	琴舞 14
			芮良夫 27			芮良夫 18	琴舞 14
			保訓 01			芮良夫 19	琴舞 15

1039		1039	1039	1039	1039	1039	1039
		［忻］		［憖］			［愙］
戁		忈	恭	憖	恂	惟	恪
 祭公19  芮良夫01  芮良夫07  芮良夫12  芮良夫21  芮良夫26	 芮良夫16	 程寤02  程寤03	 良臣11	 繫年045  芮良夫15	 芮良夫11  赤鵠12（重）	 說命上03  芮良夫20  芮良夫26	 芮良夫06

1039		1039	1039	1039		1039	1039
		［悟］		［懋］			
懼		⿱吾心	⿱丕心	⿱矛心		慕	態
 繫年 106	愳  耆夜 13（重）  耆夜 14  耆夜 14（重）  楚居 05  赤鵠 05	 程寤 02（殘）	 程寤 09 重見 556  程寤 09	 皇門 10  皇門 10  皇門 12  祭公 12	⿱艹⿱孝心  祭公 09 重見 112  琴舞 06	 琴舞 14	 芮良夫 19

1039	1039	1039	1039	1039	1039	1039	1039
［怒］	［悁］		［忨］				［怠］
[illegible]	[illegible]	惏	[illegible]	憧	愓	忘	[illegible]
 赤鵠05	 尹誥02	 芮良夫04	 皇門13	 尹至02（殘）	 芮良夫07	 保訓09	 尹至04
			 芮良夫26	 芮良夫12		 耆夜11	 繫年124
			 良臣10			 耆夜11	 繫年126
						 耆夜14	 琴舞13
						 琴舞10	 琴舞14
							 芮良夫24

1039	1039	1039	1039	1039	1039	1039	1039
［憯］				［慽］	［憂］		［恐］
⿱朁心	惻	惜	恙	感	𢝊	悼	⿱工心
 尹至05	 皇門09	 祭公08	 尹至03	 程寤05	 耆夜07 重見556	 繫年033	 保訓01
	 芮良夫10		 尹至03	 程寤05	 皇門12	 繫年033	 保訓02
	 芮良夫26		 皇門08	 金縢02	 芮良夫07	 繫年108（重）	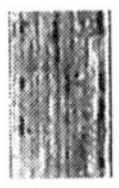 保訓03（殘）
			 説命中05		 芮良夫08	 繫年114	 保訓04
					 芮良夫10（殘）	 繫年133	 芮良夫08
						 繫年137	 芮良夫27

	1039	1039	1039	1039	1039	1039	1039
				［懲］			
	忎	恥	忍	惜	⿱唐心	悆	⿱求心
 祝辭01	 程寤08  良臣06	 祭公18	 程寤07  祭公18	 祭公01	 祭公18（重）	 耆夜08	 耆夜07（重）

1039	1039	1039	1039	1039	1039	1039	1039
⿴衣心	⿱卲心	⿰忄㞷	⿱日⿱丂心	⿱吕心	⿱者心	⿱尢心	⿱毋心
 祭公 01 重見 208	 楚居 16  繫年 135	 楚居 04 重見 1008	 耆夜 03	 尹至 02  説命下 04	 祭公 03  芮良夫 07  芮良夫 18	 金縢 04  芮良夫 11  芮良夫 15	 程寤 09 重見 312

1039	1039	1039	1039	1039	1039	1039	1039
愻	⿱訢心	蔥	慮	悖	愄	惡	⿰忄旂
 祭公08	 尹至04  琴舞04	 尹誥01	 祭公16	 繫年052	 繫年058 重見924	 繫年127  繫年135	 繫年131

1039	1039	1039	1039	1039	1039	1039	1039
						［恒］	
怭	忞	⿰女⿱山心	恖	⿱僉心	急	⿱亟心	⿱黝心
 琴舞01  琴舞02	 良臣02	 芮良夫25	 琴舞14 重見1037	 芮良夫04 重見623	 芮良夫12（殘）	 芮良夫01 重見1313	 芮良夫20

1039	1039	1039	1039	1039	1039	1039	1039
⿸疒⿱夾心	⿱⿸厂㔾心	⿱楚心	⿸厂⿱⿱林甘心	⿱山心	⿱⿱古豕心	⿱缶心	⿱他心
 赤鵠08	 說命中07 重見744	 赤鵠12（重）	 芮良夫08	 芮良夫18	 說命上05 重見218	 說命中04	 說命下04

					1039	1039	1039
					恿	憙	偲
					 芮良夫 11 重見 1322	 尹至 03	 芮良夫 25

1101	1101		1101	1101	1101	1101	1101
						［漢］	
水	河		池	涇	渭	灘	汧
尹至05	保訓08	繫年065	繫年069	繫年090	楚居03	繫年012	繫年122
楚居01	保訓08	繫年076	繫年110		楚居08		
楚居03	繫年020	繫年094	繫年115		赤鵠09		
繫年068	繫年021		繫年115				
繫年122	繫年034		繫年116				
說命中05	繫年055		繫年130				

1101	1101	1101	1101	1101	1101	1101	1101
			［淇］				［灘］
洛	汝	沁	沂	沇	漸	洹	灘
 繫年 017  繫年 102	 繫年 029  繫年 100	 祭公 15	 繫年 018	 尹至 02	 楚居 05  楚居 06	 繫年 003（重）  繫年 003  繫年 127  繫年 135	 繫年 044  繫年 077

1101	1101	1101	1101	1101	1101	1101	1101
［淵］					［滔］	［海］	
𣶒	清	湍	測	波	潘	海	濟

琴舞 05	琴舞 10	祝辭 01	保訓 05（重）	楚居 01	琴舞 01	繫年 112	繫年 112

芮良夫 26				楚居 08			

	1101	1101	1101	1101	1101	1101	1101
				［津］		［潤］	
	湯	淒	没	津	沃	溷	淫
 尹誥03  赤鵠01  赤鵠01  赤鵠01  赤鵠02  赤鵠05	 尹至01（重）（殘）  尹至04  尹至04  尹至04  尹誥01  尹誥02	 皇門13	 祭公19（殘）	 繫年132	 說命中03	 繫年133（殘）	 保訓04  保訓11

1101	1101	1101	1101	1101	1101	1101	
溪	涅	沛	澫	汌	滅	溼	
 楚居 11	 楚居 08	 祭公 02	 楚居 14（重）（殘）	 楚居 01	 繫年 007	 金縢 11	 赤鵠 05
 楚居 12	 楚居 08		 繫年 098		 繫年 019		 赤鵠 05
 楚居 12	 楚居 09（重）				 繫年 132		 赤鵠 15（背）
 楚居 13（重）					 尹誥 02		
					 説命中 03		

編號		字頭	字形	出處
1101		深		繫年 080
				繫年 099
1101		澈		繫年 082
1101		沭		繫年 085
				繫年 130
1101		⿰氵尹		繫年 102
1101		淏		繫年 123
				繫年 137
1101		溋		繫年 123
1101		澎		說命中 02
				說命下 08
1101		⿰氵⿱艹害		芮良夫 10

1101	1101	1101	1102	1102		1102	1103
汸	淣	洀	流	涉		淋	瀕
 琴舞09（重）	 芮良夫04	 赤鵠05	 金縢07	 繫年019（殘）	 繫年133	 楚居08（重）	 皇門05
			 琴舞09	 繫年021		 楚居09（重）	
			 楚居03	 繫年034		 楚居13	
				 繫年068		 楚居14	
				 繫年094		 楚居14	
				 繫年130			

1112	1109	1107	1106	1106		1106	1106
冰	羕	泉	州	侃		巟	川
説命下07	保訓11	繫年103	繫年082	繫年120	赤鵠03	琴舞11	程寤03
	祭公13		繫年107	琴舞13	赤鵠03	琴舞13	程寤08
	説命下03		説命上06		赤鵠03	琴舞15	保訓06
	芮良夫18		良臣11		赤鵠04	芮良夫06	
						祝辭01（重）	
						赤鵠02	

1113	1113			1113	1113	1113	1113
					［雪］		
雩	⿱雨各			霝	䨮	雷	雨
 良臣07	 皇門10	 繫年099	 繫年053	 楚居11	 楚居06	 金縢09	 說命中04
		 繫年099	 繫年055	 繫年050			 芮良夫21
		 繫年104	 繫年075	 繫年051			
			 繫年097	 繫年080（重）			
			 繫年098	 繫年080			
			 繫年098	 程寤02			

1119		1118	1115	1115	1114	1113	1113
					［霒］		
飛		龍	鱻	鮮	侌	⿱雨早	需
 繫年014  繫年014  說命下03	⿰⿱立月儿  繫年087	 尹至02  繫年003  繫年031  繫年085  繫年086	 繫年080	 芮良夫26	 保訓06  繫年092  繫年094  繫年127	 說命中04 重見701	 金縢07  琴舞07

1120

非

尹誥01

程寤04

程寤04

程寤05

程寤08

程寤08

程寤08

程寤09

程寤09

程寤09

皇門01

皇門07

皇門09

說命上03

說命中04

說命下06

說命下07

琴舞02

琴舞06

琴舞14

琴舞16

琴舞16

芮良夫24

1201 孔

良臣08

1202 不

尹至03
尹至05
尹誥02
程寤05
程寤05
程寤05

程寤06
程寤07
程寤07
程寤08
程寤08
程寤09

程寤09
保訓01
保訓02
保訓05
保訓06
保訓06

保訓07
保訓09
保訓10
保訓10
保訓11
保訓11

耆夜05
耆夜08
耆夜10
耆夜10
耆夜12
耆夜12

金縢01
金縢04
金縢05
金縢07
皇門01
皇門02

皇門03
皇門05
皇門06
皇門08
皇門08
皇門08

琴舞03	說命中07	繫年102	繫年054	繫年001	祭公15	祭公07	皇門10
琴舞04	說命中07	繫年103	繫年064	繫年001	祭公15	祭公10	皇門12
琴舞04	說命下04	繫年129	繫年068	繫年008	祭公18	祭公13	祭公01
琴舞04	說命下05	說命中04	繫年078	繫年045	祭公19	祭公13	祭公02
琴舞05	說命下07	說命中05	繫年091	繫年045	楚居03	祭公13	祭公03
琴舞05	說命下08	說命中05	繫年093	繫年050	楚居08	祭公14	祭公03

1202

不

琴舞06　琴舞06　琴舞07　琴舞07　琴舞08　琴舞10

琴舞10　琴舞11　琴舞12　琴舞12　琴舞14　琴舞14

琴舞16　芮良夫02　芮良夫04　芮良夫06　芮良夫06　芮良夫07

芮良夫07　芮良夫08　芮良夫08　芮良夫08　芮良夫09　芮良夫10

芮良夫16　芮良夫16　芮良夫17　芮良夫19　芮良夫21　芮良夫22

芮良夫22　芮良夫24　芮良夫25　芮良夫25　芮良夫26　芮良夫27

芮良夫27（殘）　芮良夫27　芮良夫28　芮良夫28（殘）　赤鵠03　赤鵠03

赤鵠04　赤鵠04　赤鵠06　赤鵠06　赤鵠08　赤鵠09

赤鵠 12
赤鵠 15

1203

至

尹至 01
尹誥 04
耆夜 01
金縢 13
祭公 14
楚居 11

繫年 103
繫年 108
繫年 113
繫年 122
芮良夫 21
赤鵠 10

皇門 03
皇門 07
楚居 04
楚居 04
楚居 05
楚居 05

楚居 06
楚居 06
楚居 07
楚居 07
楚居 07
楚居 08

楚居 09
楚居 09
楚居 10
楚居 10
楚居 11
楚居 12

楚居 13
楚居 16
繫年 034
繫年 069
繫年 080
繫年 138

保訓 09

	1208	1207	1207	1207	1205		1204
	門	⿰户瓜	⿸户坙	房	鹹		西
 繫年121	 皇門01	 良臣02	 芮良夫20	 繫年067	 繫年103	 繫年006	 尹至03
 繫年123	 皇門02			 繫年068		 繫年006	 尹至05
 說命中01	 繫年045					 繫年014	 尹至05
	 繫年046					 繫年046	 尹誥01
	 繫年064					 良臣06	 繫年005
	 繫年113						 繫年006

1208	1208	1208 [關]	1208 [閒]	1208	1209	1209	1209
閟	⿵門勿	閘	⿵門夘	⿵門弋	耳	耿	聖
芮良夫 20	繫年 099	繫年 126	程寤 01	繫年 101	楚居 03	皇門 07	程寤 04
芮良夫 22	繫年 104	繫年 127		繫年 113		繫年 013	皇門 03
	繫年 105	繫年 128				繫年 014	皇門 08
	繫年 107	芮良夫 20					繫年 119
	芮良夫 03	芮良夫 20					繫年 126
		芮良夫 22					繫年 127

1209		1209			1209	1209	1209
		［聞］					
聖		䎽	[illegible]		[illegible]	[illegible]	[illegible]
 説命中 02	 芮良夫 28	 程寤 06		 赤鵠 13	 楚居 03	 繫年 055	 琴舞 11
 芮良夫 03		 保訓 10	 金縢 10				
 芮良夫 03		 皇門 02	 祭公 01				
 芮良夫 11		 皇門 08	 祭公 05				
 芮良夫 14		 楚居 02	 繫年 051				
 芮良夫 27			 芮良夫 03				

1211	1211	1211	1211	1211		1211	
［捧］	［摯］		［投］	［舉］		［失］	
拜	⿱埶女	承	⿱殳土	⿱與止		達	
程寤03	楚居06 重見1028	程寤03	祝辭02 重見342	祭公21 重見322	⿱與金	祭公19 重見219	説命上05
祭公21		皇門04		繫年083	琴舞08 重見1305	繫年136	琴舞12
程寤07		皇門06				説命上01	芮良夫16
		楚居10（重）				説命上04（重）	芮良夫22
		繫年050				説命上04	芮良夫28
		琴舞04				説命上05	

1211 捕

金縢11

1213 女

尹至01
尹至02
尹至04
尹至04
程寤04
程寤05
程寤06
程寤09
保訓02
保訓03
保訓10
皇門09
皇門10
皇門13
皇門13
祭公08
祭公15
祭公16
祭公16
祭公16
祭公16（殘）
祭公17（殘）
祭公18
祭公20
楚居01
繫年005
繫年059
繫年067
繫年068
繫年120
說命上03
說命中01
說命中02
說命中02
說命中04
說命中04
說命中04
說命中05
說命中05
說命中05
說命中07
說命下02

1213		1213	1213				
母		妻	姬				
 程寤09	 繫年027	 皇門10	 繫年031	 赤鵠10	 芮良夫20	 説命下06	 説命下03
 保訓10	 繫年035	 楚居03		 赤鵠11	 芮良夫22	 説命下07	 説命下04
 保訓11	 繫年074	 繫年005		 赤鵠13	 芮良夫24	 説命下07	 説命下05
 耆夜11	 繫年078	 繫年023			 芮良夫24	 説命下07	 説命下05
 耆夜12	 繫年078	 繫年023			 良臣01	 説命下10	 説命下06
 耆夜14	 赤鵠02	 繫年024			 赤鵠07	 琴舞14	 説命下06

1213					1213	1213	1213
母					[母/目]	妣	婢
皇門12	芮良夫27	祭公16	說命下04	芮良夫04	說命上06	楚居03	繫年031
皇門13	耆夜13	祭公16	說命下07	芮良夫06	赤鵠04	楚居03	
繫年050	耆夜11	祭公16	說命下10	芮良夫07			
繫年068	耆夜14	祭公17	琴舞02	芮良夫10			
繫年123	金縢03	祭公18	芮良夫03	芮良夫11			
繫年123	祭公15	祭公20	芮良夫04				

1213	1213	1213	1213	1213		1213	1213
［嬓］							
娧	娏	姒	妥	妟		好	奴
 楚居12（重）  楚居13  楚居13  繫年027	 楚居02	 程寤01  程寤02	 程寤07（訛）  祭公12	 金縢09	 繫年111  繫年113  説命中06  芮良夫05  芮良夫16	 尹至02  繫年039  繫年048  繫年049  繫年086  繫年108	 繫年015

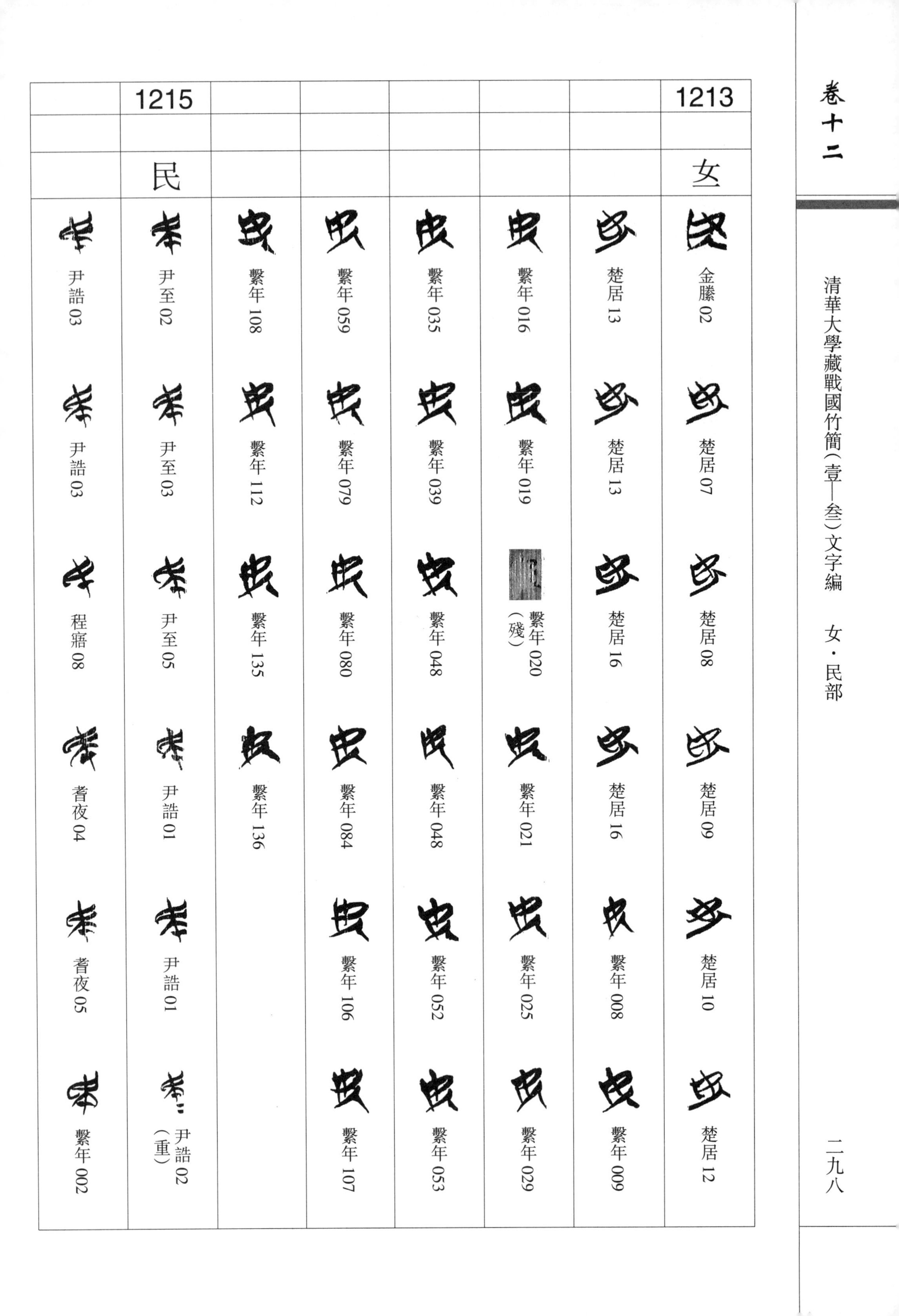

1213 女

- 金縢 02
- 楚居 07
- 楚居 08
- 楚居 09
- 楚居 10
- 楚居 12
- 楚居 13
- 楚居 13
- 楚居 16
- 楚居 16
- 繫年 008
- 繫年 009
- 繫年 016
- 繫年 019
- 繫年 020（殘）
- 繫年 021
- 繫年 025
- 繫年 029
- 繫年 035
- 繫年 039
- 繫年 048
- 繫年 048
- 繫年 052
- 繫年 053
- 繫年 059
- 繫年 079
- 繫年 080
- 繫年 084
- 繫年 106
- 繫年 107
- 繫年 108
- 繫年 112
- 繫年 135
- 繫年 136

1215 民

- 尹至 02
- 尹至 03
- 尹至 05
- 尹誥 01
- 尹誥 01
- 尹誥 02（重）
- 尹誥 03
- 尹誥 03
- 程寤 08
- 耆夜 04
- 耆夜 05
- 繫年 002

1216

弗

繫年015
繫年017
繫年018
繫年132
說命下04
說命下05
說命下06
說命下09
琴舞10
芮良夫03
芮良夫05
芮良夫07
芮良夫07
芮良夫09
芮良夫12
芮良夫15
芮良夫19
芮良夫20
芮良夫21
芮良夫23
芮良夫24
芮良夫25
芮良夫26
皇門04
皇門06
皇門11
尹至02
尹至05
程寤02
保訓03
保訓09
金縢11
皇門07
皇門07
皇門08
皇門12
祭公19
祭公20
說命下04
說命下08
說命下09
琴舞16
芮良夫05
赤鵠02

1216 弗

- 繫年002
- 繫年004
- 繫年006
- 繫年024
- 繫年034
- 繫年036
- 繫年037
- 繫年037
- 繫年052
- 繫年064

1217 弋

- 金縢06
- 金縢10
- 金縢14（背）
- 祭公11
- 說命下09
- 琴舞11

1218 也

- 金縢03
- 金縢03
- 金縢04
- 金縢09
- 繫年027
- 繫年031
- 繫年050
- 繫年051
- 繫年052
- 繫年077
- 繫年078
- 祝辭01
- 祝辭03
- 祝辭04
- 祝辭05
- 赤鵠04
- 赤鵠04
- 赤鵠06
- 赤鵠06
- 繫年072
- 繫年073
- 繫年077

1219 氏

- 繫年014
- 繫年078
- 繫年102
- 繫年102

1219 氐

- 尹至02
- 尹誥01
- 尹誥02
- 保訓04
- 保訓05
- 保訓07
- 保訓08
- 耆夜08
- 皇門03
- 皇門05
- 皇門06
- 皇門07
- 皇門07
- 皇門10
- 皇門10
- 皇門10
- 祭公11
- 祭公11
- 祭公12
- 楚居03
- 說命上01
- 說命上02
- 說命上02
- 說命中01
- 說命中05
- 說命中07
- 說命下04
- 芮良夫01
- 芮良夫16
- 芮良夫18
- 程寤01
- 繫年002

1220 氏

- 楚居01
- 楚居03
- 楚居05
- 楚居08

1221 戈

- 說命中06
- 說命中07

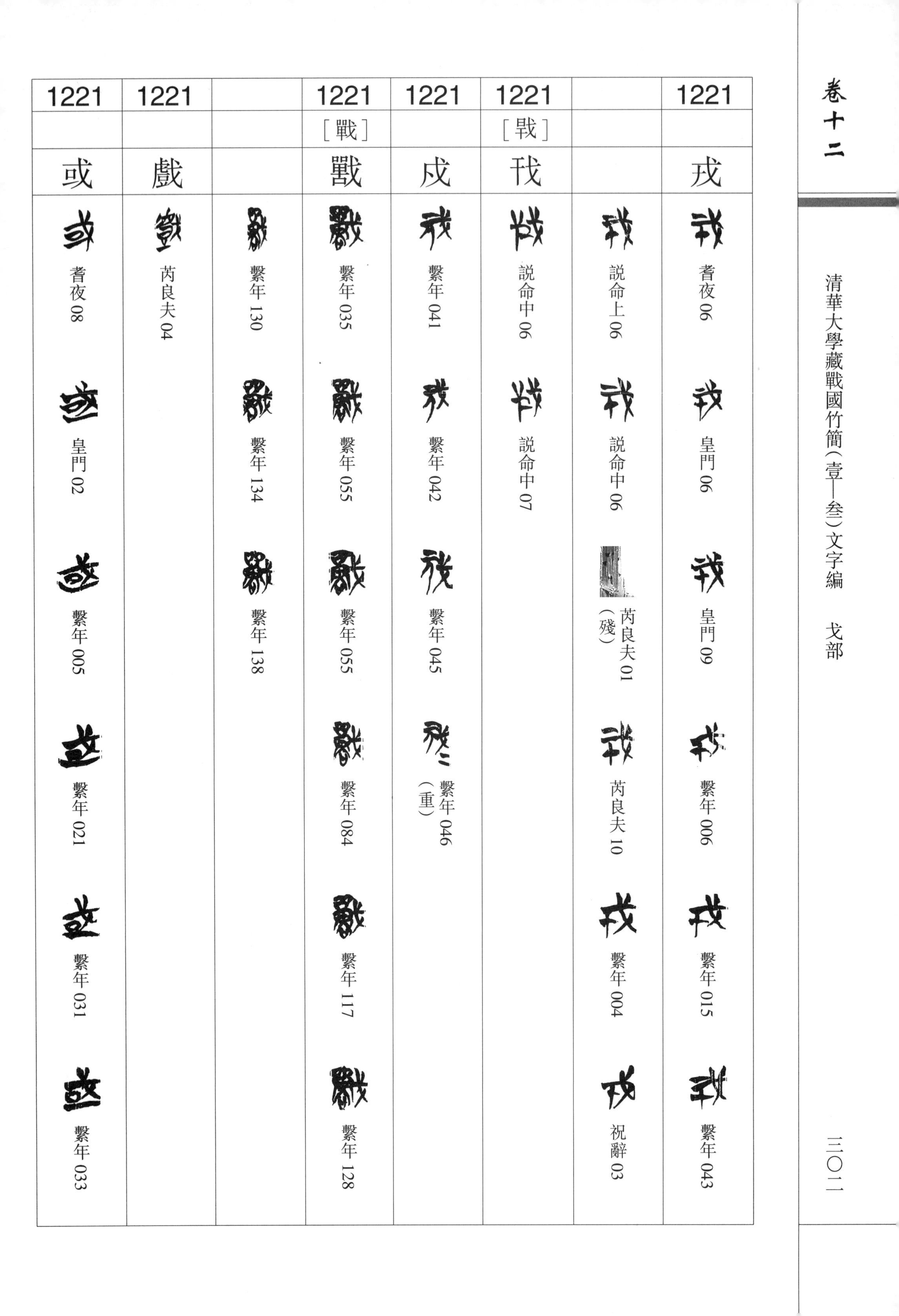

1221		1221	1221	1221		1221	1221
		［戟］		［戰］			
戎		找	戍	戰		戲	或
耆夜06	説命上06	説命中06	繫年041	繫年035	繫年130	芮良夫04	耆夜08
皇門06	説命中06	説命中07	繫年042	繫年055	繫年134		皇門02
皇門09	芮良夫01（殘）		繫年045	繫年055	繫年138		繫年005
繫年006	芮良夫10		繫年046（重）	繫年084			繫年021
繫年015	繫年004			繫年117			繫年031
繫年043	祝辭03			繫年128			繫年033

		1221	1221	1221			
		⿱今戈	⿱从戈	武			
繫年077	芮良夫27	耆夜01	皇門06	程寤06	金縢06	祭公08	繫年001
繫年080		祭公12	楚居03	耆夜01	金縢10	祭公10	繫年010
繫年088				耆夜04	金縢14（背）	祭公12	繫年010
繫年088				耆夜05	皇門03	祭公12	繫年013
繫年128				耆夜07	祭公04	祭公15	繫年013
芮良夫10				金縢01	祭公06	楚居07	繫年096

1221			1221	1221	1221	1221	1221
武			戠	戔	⿹戈⿱山口	⿰巾戈	⿰坴戈
繫年126 繫年133 繫年134 繫年134 繫年134 繫年135	繫年136 繫年137 繫年137 説命中01 説命中02 芮良夫14	良臣02 良臣04 祝辭03 祝辭04 祝辭05	説命下07	繫年110	尹至05 尹誥02 説命中03	祭公04	耆夜06 繫年008 琴舞04 芮良夫14

1221		1221		1221	1221	1221	1221
戳		臧		𢧏	戕	敵	𢧐
 耆夜06	㦸	 祭公06	臧	 楚居03	 耆夜04 重見341	 祭公12 重見348	 繫年102 重見801
 芮良夫13	 程寤04		 金縢09	 楚居03			
			 金縢13				

1222	1221	1221	1221	1221	1221		1221
戉	⿰缶戈	⿰冂戈	⿰爻戈	戝	⿹戈首		⿰求戈
繫年 110 繫年 111 繫年 111 繫年 112 繫年 113 繫年 113	芮良夫 18 重見 501	芮良夫 01 重見 220	芮良夫 14	繫年 121 重見 348	繫年 035 繫年 039 繫年 076 繫年 085 繫年 128 繫年 133	繫年 085 繫年 090 繫年 105 繫年 117 繫年 134 繫年 136	繫年 025 繫年 025 繫年 026 繫年 062 繫年 063 繫年 071

繫年120
繫年120
繫年120
繫年121

1223

我

尹至01
尹至04
尹誥02
尹誥03
耆夜07
金縢01

金縢11
説命上04
説命中03
赤鵠02
赤鵠03
赤鵠03

赤鵠10
赤鵠11
芮良夫25
芮良夫26
芮良夫27
芮良夫28

尹至03
尹誥02
金縢05（重）
金縢05
金縢05
金縢07

金縢12
説命上04
説命下09
赤鵠01
皇門02
皇門02

皇門08
尹誥02
祭公01
祭公02
祭公05
祭公07

祭公11
祭公12
祭公13
祭公19
祭公19
祭公19

1227		1225		1223		1223	
		［琴］					
亡		⿱珡金		義		我	
尹至03	耆夜09	琴舞01（背）	⿱宀⿱珡金	楚居06	繫年085	祭公19	繫年033（殘）
尹誥01	金縢08	琴舞02	琴舞01 重見739	楚居07	琴舞06	祭公21	繫年046
程寤06	皇門03			說命下08	琴舞14	琴舞03	繫年052
程寤06	皇門05			程寤07	芮良夫22（殘）	琴舞16	祝辭02
程寤07	皇門08			繫年040		芮良夫25	說命下07
程寤08	皇門09			繫年048		繫年025（重）	

					1227	1227	1227
							［望］
					[illegible]	乍	[illegible]
皇門09	繫年008	繫年117	芮良夫04	芮良夫27	祝辭03	繫年001	程寤03 重見809 重見832
皇門10	繫年017	繫年128	芮良夫07	赤鵠04	祝辭04	繫年015	
皇門11	繫年058	繫年132	芮良夫15	赤鵠04	祝辭05	繫年017	
皇門11	繫年059	繫年136	芮良夫19	保訓08		皇門09	
祭公14	繫年081	琴舞04	芮良夫25	良臣06		保訓07	
繫年007	繫年090	芮良夫04	芮良夫27				

1233	1233	1233	1231	1230	1229	1229	1227
				［曲］			
引	彊	弓	𢀜	𠙴	匱	區	無
 程寤06	 琴舞05	 説命上02	 保訓07	 繫年055	 金縢06	 皇門07	 楚居04
 祝辭03		 祝辭03	 保訓09	 繫年093	 金縢10	 皇門09	 琴舞01
 祝辭04		 祝辭04	 保訓10	 繫年094			
 祝辭05		 祝辭05					

1234	1233		1233	1233			1233
［弼］				［强］			
⿰弓西	⿰弓弗		⿰弓矣	⿰弓𡈼			發
説命下03	説命上02	⿰弓夬	祝辭03 重見544	繫年050 重見624	芮良夫25	楚居05	程寤02
琴舞03		繫年064	祝辭04			楚居06	程寤02
琴舞11			祝辭05			保訓02	程寤03
琴舞15			祝辭05			保訓09	程寤04
			赤鵠01			祝辭01	金縢03
						程寤01	金縢03

1235　弦

繫年046

1236　孫

金縢03

金縢03

金縢05

繫年056

繫年058

繫年059

繫年060

繫年070

繫年088

良臣08

1236　［繇］　繇

繫年080

芮良夫02

芮良夫03

芮良夫03

1236　由

金縢06

皇門09

祭公06

祭公15

繫年017

芮良夫03

芮良夫06

芮良夫09

1236　⿰系丏

繫年031

繫年032

繫年032

1236　⿱敏系

繫年048

1301		1301	1301	1301	1301	1301	1301
［縕］		［絶］	［紀］				
絰		㡭	絽	絍	經	純	緒
 楚居02  繫年093  繫年093（重）  繫年094  祝辭02	㡭  繫年069  繫年070	 繫年066	 芮良夫07	 耆夜03  赤鳩02  赤鳩03  赤鳩03  赤鳩03	 説命下02	 琴舞16  芮良夫16	 保訓07

1301	1301	1301	1301		1301	1301	1301
		［繃］	［終］				
約	結	纆	夂		縵	紳	縱
 繫年 114  芮良夫 19	 芮良夫 19	 説命上 02	 保訓 03  耆夜 03  耆夜 05  耆夜 06  耆夜 08  耆夜 10	 耆夜 11  耆夜 12  耆夜 14  芮良夫 02  芮良夫 28	 繫年 106	 説命上 02	 芮良夫 07

1301	1301			1301	1301	1301	1301
縈	縢			糹从	維	彝	繫
 尹至04  芮良夫16  芮良夫01	 祭公03 重見823  祭公03  祭公03  祭公03  祭公04  祭公09	 說命上02	絭  芮良夫24 重見823  祭公20	 金縢06  金縢10	 祭公21	 皇門07	 繫年120

1301	1301	1301		1301	1301	1301	1301
	緅	繹		⿰糸⿱𢆶示	絅	⿰糸興	纏
縺  繫年134	 繫年134	 耆夜01  耆夜03  耆夜06	羅  祭公09	 金縢10	 皇門08  琴舞13  芮良夫01	 皇門11  芮良夫19  芮良夫20  芮良夫22	 祭公05

1301	1301	1301			1301	1301	1301
絉	糸帶	糸若			繣	縃	約
説命下 09	繫年 072 重見 751	繫年 039	繫年 078	繫年 075	繫年 005	楚居 06	楚居 04
琴舞 01			繫年 098	繫年 076	繫年 006		
琴舞 02			繫年 106	繫年 077	繫年 006（重）		
芮良夫 07			繫年 108	繫年 078	繫年 040		
芮良夫 19			芮良夫 03	繫年 078	繫年 048		
				繫年 078	繫年 057		

	1305	1305	1305	1305	1303	1301	1301
					［⿱⿲糸聿系曰］		
	⿱亡虫	蠆	⿱行虫	蜀	⿲糸聿系	紈	綄
蝱	 耆夜09	 赤鵠09	 耆夜09	 皇門10	 楚居01	 芮良夫07	 祭公18
 耆夜10（重）			 耆夜10（重）	 說命下10	 楚居02		 琴舞13
 耆夜11			 耆夜11（殘）	 芮良夫15			
 耆夜13			 耆夜13				

1305	1306	1306	1306	1306	1306	1308	1308
蠿	⿱者蟲	⿸虍蟲	⿱可蟲	⿰韋蟲	⿰貝蟲	風	颺
 琴舞08 重見1211	 耆夜07	 尹至02 重見525	 赤鴼09	 說命下02 重見327 重見547	 祭公03 重見622	 芮良夫21	 祭公08
		 金縢03				 金縢09	 祭公08
		 芮良夫10				 金縢13	
		 芮良夫17					

1308	1309	1313					1313
颬	它	二					亟
耆夜07	赤鵠07	尹至02	繫年036	芮良夫15	赤鵠12	弍	芮良夫04
	赤鵠11	耆夜03	繫年039	赤鵠07	赤鵠14	程寤06 重見623	
	赤鵠13	金縢01	繫年096	赤鵠07	赤鵠14		
	赤鵠14	金縢07	繫年108	赤鵠08			
		金縢13	繫年116	赤鵠11			
		皇門02	說命上04	赤鵠11			

1314		1314		1313		1313	
						［恒］	
地		土		凡		⿱亙心	
 繫年 016	 祝辭 02	 皇門 06	⿱凡口	 芮良夫 17	⿱亙土	 芮良夫 01 重見 1039	⿱亟土
	 赤鵠 08	 繫年 044	 金縢 13 重見 208		 芮良夫 05（重） 重見 213	 芮良夫 13	 赤鵠 09
	 赤鵠 12	 說命上 06	 芮良夫 09 重見 208				
		 良臣 09					
		 良臣 10					
		 祝辭 02					

1314

陞

- 金縢05
- 說命上06
- 說命中06
- 赤鵠13
- 赤鵠14

1314 坪

- 楚居12
- 繫年005
- 繫年006（重）
- 繫年006
- 繫年009
- 繫年015
- 繫年081
- 繫年082
- 繫年091
- 繫年092
- 繫年092
- 繫年092
- 繫年094
- 繫年094
- 繫年096
- 繫年099
- 繫年099
- 繫年100
- 繫年104
- 繫年104
- 繫年113
- 繫年130
- 繫年133
- 繫年135
- 繫年137
- 芮良夫12

1314 均

- 芮良夫09

1314 堂

- 程寤03
- 繫年068
- 赤鵠03
- 祝辭01（重）

1314 ［封］ 埄

繫年018

繫年130

1314 墨

繫年077

繫年077

1314 型

祭公18

祭公21

琴舞01

琴舞04

芮良夫07

芮良夫17

芮良夫18

芮良夫19

芮良夫21

芮良夫22（殘）

1314 ［城］ ⿱成土

耆夜09

金縢06

祭公06

祭公07

祭公08

祭公11

繫年034

繫年039

繫年042

繫年044

繫年091

繫年100

繫年101

繫年101

繫年102

繫年112

繫年113

繫年114

繫年115

繫年115

繫年117

繫年123

繫年126

繫年127

1314		1314	1314	1314	1314	1314	1314
［城］				［壇］	［圭］		
⿱成土		埤	毀	坦	珪	⿱臽金	⿱大坴
 繫年134  繫年135  繫年136  説命上02  琴舞01  芮良夫15	 芮良夫19  芮良夫21	 赤鴼15	 説命中06	 金縢02  金縢02	 金縢02 重見106  金縢05  金縢05  繫年128  繫年135	 金縢02	 繫年016

1314	1314	1314	1314	1314	1314	1314	1314
		［野］					
坴	坙	埜	⿱空土	⿱叀土	⿱皁土	圾	⿰土耑
 程寤03 重見103	 祭公07 重見348	 楚居10（重）	 楚居01 重見742	 楚居04	 繫年029	 繫年029	 繫年044
				 楚居05	 楚居09		

1314	1314		1314	1314	1314	1314	1314
涇	瀍		坰	坙	坴	[illegible]	[illegible]
 繫年082  繫年082	 繫年116	壥  繫年117	 説命中04  芮良夫09  芮良夫09	 良臣06	 赤鵠13  赤鵠14	 祭公10 重見813	 繫年101 重見915

1318	1318	1317	1317	1316		1315	1314
［晦］							
畮	田	奎	里	堇		堯	隆
 繫年 002  繫年 004  繫年 092	 尹誥 04  繫年 072  繫年 120	 皇門 03	 繫年 032  繫年 033	 程寤 06  金縢 11  皇門 03  皇門 05	先  保訓 07	 良臣 01	 繫年 068 重見 1411

1318	1318	1318	1319		1320		1321
［當］			［畺］				
堂	畜	疇	疆		黃		男
 芮良夫 10 重見 1035	 說命中 04	 繫年 007	 程寤 09	 者夜 09	 繫年 110	 赤鵠 07	 繫年 120
			 楚居 08		 繫年 115	 赤鵠 11	
			 楚居 08		 繫年 115	 赤鵠 13	
			 楚居 15		 繫年 116	 赤鵠 14	
			 楚居 15		 琴舞 17		
			 芮良夫 22		 良臣 01		

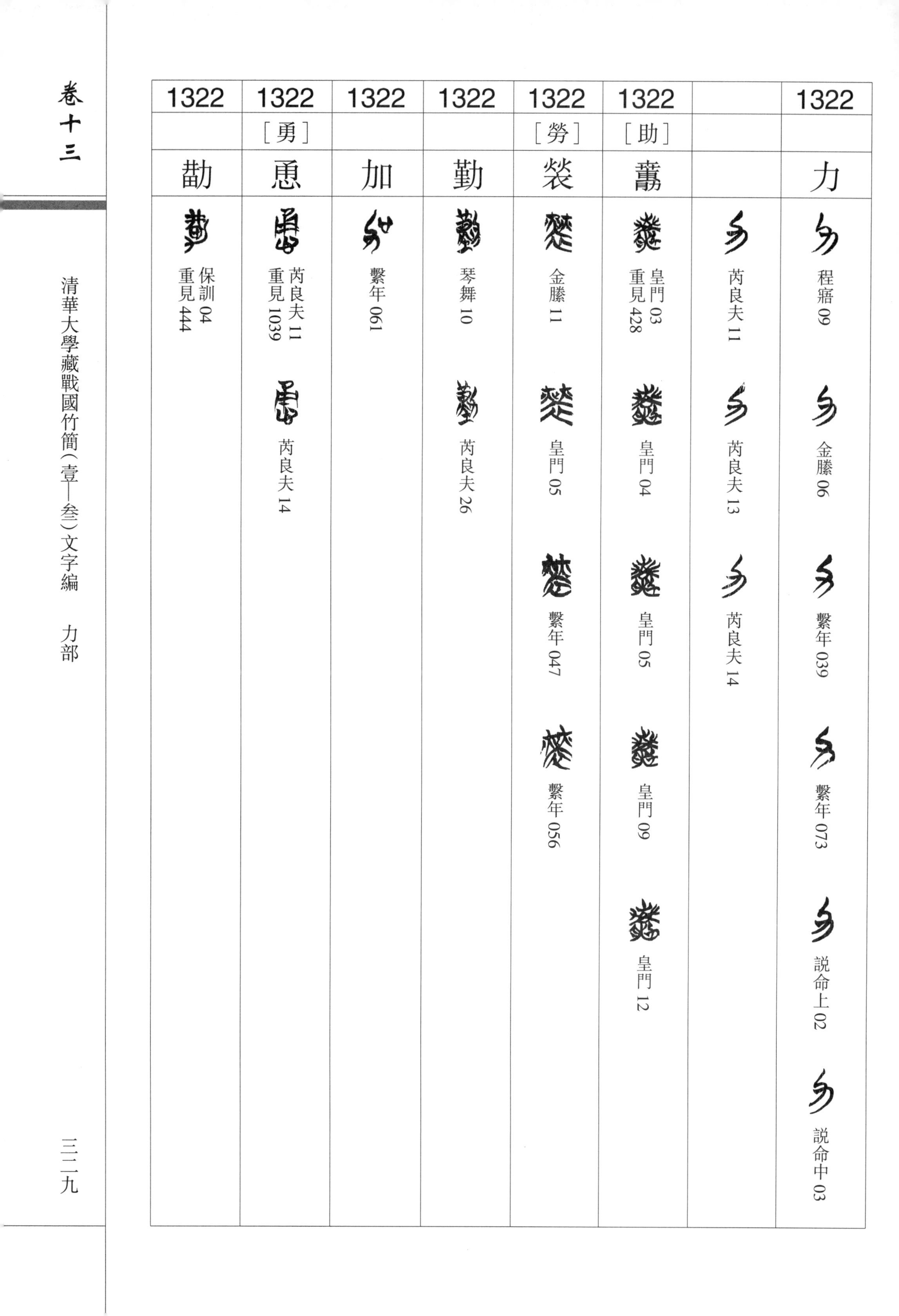

1322	1322	1322	1322	1322	1322		1322
	［勇］			［勞］	［助］		
勘	恿	加	勤	褮	蘍		力
保訓 04 重見 444	芮良夫 11 重見 1039 芮良夫 14	繫年 061	琴舞 10 芮良夫 26	金縢 11 皇門 05 繫年 047 繫年 056	皇門 03 重見 428 皇門 04 皇門 05 皇門 09 皇門 12	芮良夫 11 芮良夫 13 芮良夫 14	程寤 09 金縢 06 繫年 039 繫年 073 説命上 02 説命中 03

					1323	1322	1322
					［協］		
					⿱𢆶⿲大大大	⿰方它	⿱臤力
				⿲夫夫夫  芮良夫13	 尹誥02	 繫年100  繫年101	 祭公18

	1404	1403	1402	1401	1401	1401	1401
	尻	与	幵	鉄	鑢	欽	金
 赤鵠07  赤鵠08  赤鵠11  赤鵠12	 楚居01  楚居01  楚居02  楚居11  楚居14  楚居15	 繫年034  繫年049  繫年051  繫年102	 繫年071	 芮良夫20	 繫年041	 保訓04	 尹誥04（殘）  金縢06  金縢10  說命中02

1405			1405	1406			1406
且			組	所			斯
 祭公01	 祭公07	⿱且又	 皇門13	 保訓10	 皇門04	 芮良夫19	 皇門04
 祭公01		 繫年066 重見332		 保訓10	 皇門11	 芮良夫19	 皇門05
 祭公04		 繫年087		 金縢06	 繫年068	 芮良夫21	 皇門09
 祭公04		 繫年102		 金縢10	 芮良夫05	 芮良夫22	 皇門09
 祭公05		 繫年120		 金縢14（背）	 芮良夫08	 芮良夫23	
 祭公06		 繫年122		 皇門03	 芮良夫18	 芮良夫24	

	1406	1406	1407	1408	1409		1409
	新	斷	料	柔	車		載
 金縢08	 繫年026	 良臣10	 芮良夫20	 程寤06 重見332	 耆夜10	 繫年137	 繫年079
 金縢09	 繫年047			 程寤08	 繫年012		 說命下07
 金縢09					 繫年058		 琴舞13
 金縢13					 繫年060		 芮良夫03
					 繫年092		 芮良夫06
					 繫年136		 芮良夫06

1409	1409	1409	1409		1409	1409	1409
					［範］		
䡛	輔	輦	斬		軋	軍	載
繫年058	皇門13	繫年137 重見563	芮良夫10	軛	繫年102	皇門06	琴舞06（殘）
繫年065	琴舞10		赤鵠13	良臣05		繫年064	
	良臣10		赤鵠14	良臣05		繫年123	
				良臣07		繫年131	
						繫年132	

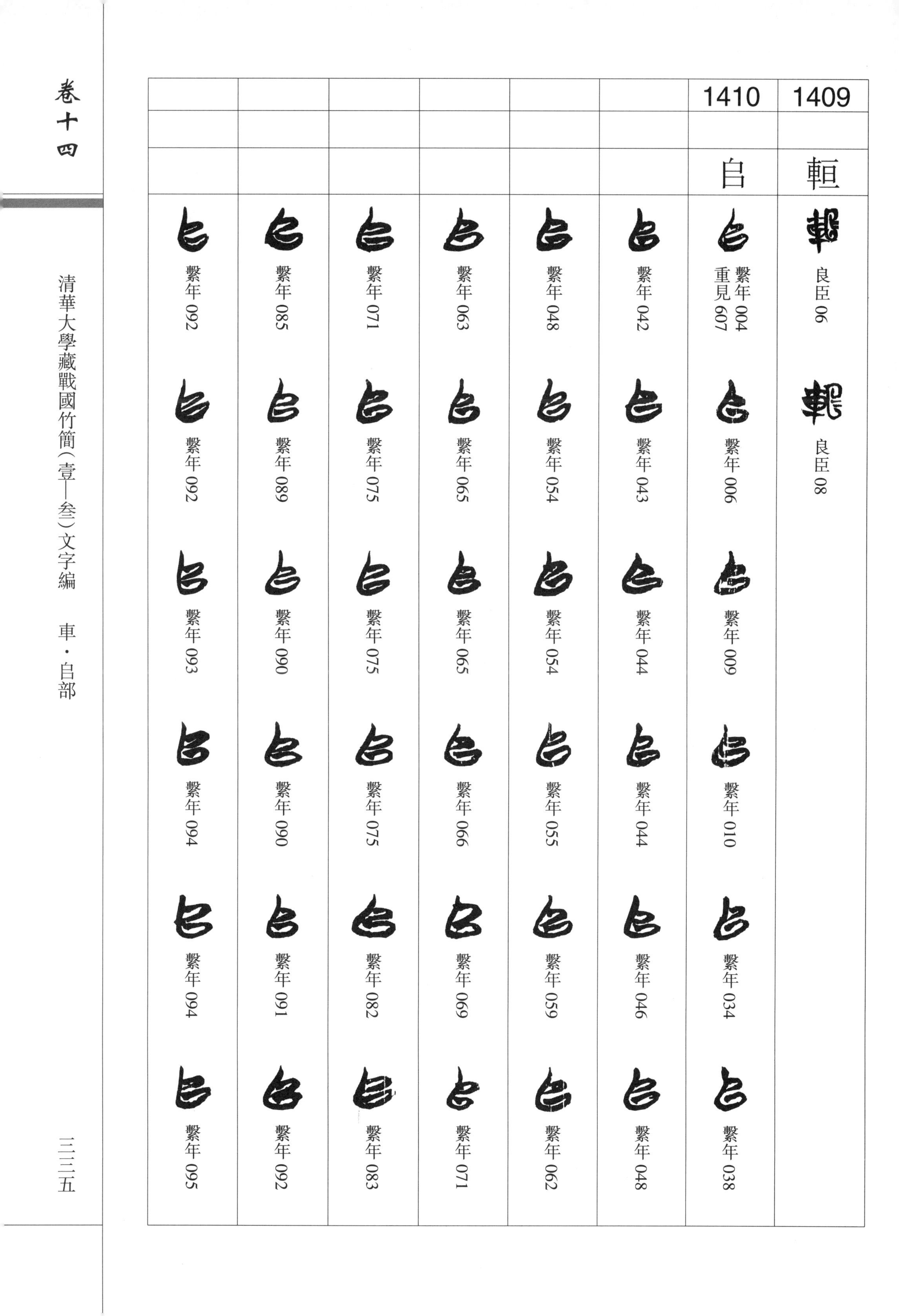

1409	1410						
⿰車巨	𠂤						
良臣06	繫年004 重見607	繫年042	繫年048	繫年063	繫年071	繫年085	繫年092
良臣08	繫年006	繫年043	繫年054	繫年065	繫年075	繫年089	繫年092
	繫年009	繫年044	繫年054	繫年065	繫年075	繫年090	繫年093
	繫年010	繫年044	繫年055	繫年066	繫年075	繫年090	繫年094
	繫年034	繫年046	繫年059	繫年069	繫年082	繫年091	繫年094
	繫年038	繫年048	繫年062	繫年071	繫年083	繫年092	繫年095

1410

𠂤

繫年101	繫年113	繫年117	繫年122	繫年129	繫年131	繫年134	繫年138
繫年102	繫年113	繫年117	繫年122	繫年129	繫年131	繫年134	
繫年105	繫年115	繫年117	繫年127	繫年129	繫年133	繫年135	
繫年105	繫年115	繫年120	繫年128	繫年130	繫年133	繫年136	
繫年107	繫年116	繫年121（重）	繫年128	繫年130	繫年134	繫年137	
繫年112	繫年116	繫年122	繫年128	繫年130	繫年134	繫年137	

1411	1411	1411	1411	1411	1410		
降	陟	險	陽	陵	官		
楚居01	繫年013	皇門13	繫年105	繫年101	金縢07	繫年047	峊
繫年006	良臣02	芮良夫06	祝辭01	繫年120			繫年017 重見607
繫年045			祝辭03	繫年128			繫年019
繫年045			祝辭04	繫年132			繫年019
說命上02			祝辭05	繫年133（殘）			繫年025
琴舞02							繫年028

1411			1411			1411	
			［隓］				
降			陖			陳	
 琴舞09	隆	墜	 繫年051	⿱陖邑	⿰彳夋	 繫年023	 繫年075
 芮良夫06	 耆夜10	 繫年068 重見1314	 繫年054	 繫年084 重見624	 祝辭03 重見220	 繫年023	 繫年075
	 程寤05	 保訓07	 繫年066			 繫年029	 繫年076
						 繫年030	 繫年099
						 繫年043	 繫年104
						 繫年074	 繫年105

		1411	1411	1411	1411	1414	
		陣	隟	隋	隓	四	
 繫年122	 繫年137	 良臣04	 繫年090	 芮良夫06 重見927	 琴舞16	 金縢04	 繫年061
 繫年123	 繫年104					 祭公05	 繫年131
 繫年123						 祭公18	 繫年132
 繫年136						 楚居02	 說命中06
 繫年136						 繫年003	 說命下05
 繫年137						 繫年041	 琴舞07

1414		1418			1419	1420	1421
四		五			六	七	九
芮良夫21	繫年112	繫年042	繫年093	芮良夫22	程寤03	繫年019	繫年004
赤鵠04	繫年126	繫年074	繫年108	良臣07	繫年034	繫年045	繫年008
赤鵠04		繫年081	繫年109	祝辭02	繫年055	繫年085	繫年059
皇門06		繫年081	說命下08		琴舞10	繫年102	說命下08
繫年092		繫年081	琴舞08			繫年114	琴舞01
繫年096		繫年083	芮良夫20			琴舞12	琴舞02

1424	1423	1423	1422		1422	1422	
甲	獸	嘼	禹		萬	禽	
 繫年137	 尹誥01 重見1008  繫年016	 尹至05	 良臣01 （重）	 繫年132  說命下05  說命下06  說命下09  芮良夫05  芮良夫15	 保訓05  耆夜09  皇門04  祭公14  祭公17  繫年002	 祝辭04	 琴舞15

1424	1426	1427	1428	1428			
	[丙]						
	⿱丙口	丁	戊	成			
⿸虍幸	繫年 138 重見 208	程寤 02	保訓 01	保訓 09	繫年 013	繫年 029	繫年 061
耆夜 02 重見 525		説命中 01	説命上 04	皇門 04	繫年 014	繫年 029	繫年 062
		説命中 02	説命下 08	皇門 11	繫年 015	繫年 041	繫年 063
		良臣 02	説命下 08	楚居 04	繫年 017	繫年 048	繫年 064
				楚居 09	繫年 020	繫年 059	繫年 071
				繫年 009	繫年 021	繫年 061	繫年 086

		1429		1431	1432	1432	1432
		己		庚	辛	辠	辥
 繫年 087  繫年 087  繫年 088  繫年 088  繫年 095  繫年 120	 繫年 122  良臣 04  良臣 05	 保訓 01	㠯  繫年 027 重見 208	 皇門 01  楚居 01  繫年 018  繫年 018	 耆夜 02	 保訓 08 重見 749	 繫年 052

1432

［辭］

詞

皇門08　重見312

詞

繫年028　重見312

1436

子

程寤02
程寤02
程寤03
保訓01
耆夜10
耆夜12

金縢03
金縢04
金縢07
皇門02
皇門03
祭公01

祭公03
祭公08
祭公10
祭公12
祭公13
祭公14

祭公15
祭公17
祭公20
楚居01
楚居14
楚居14

楚居15
繫年011
繫年011
繫年013
繫年014
繫年017

繫年020
繫年021
繫年031
繫年031
繫年033
繫年033

繫年035
繫年035
繫年040
繫年043
繫年052
繫年052

繫年054
繫年059
繫年067
繫年067
繫年068
繫年069

繫年069
繫年069
繫年070
繫年070
繫年070
繫年074

繫年075
繫年077
繫年077
繫年080
繫年081
繫年084

繫年085
繫年088
繫年088
繫年089
繫年096
繫年096

繫年097
繫年105
繫年105
繫年111
繫年122
繫年123

繫年128
繫年129
繫年129
繫年130（重）
繫年130
繫年130

繫年130
繫年132
繫年136
繫年138
説命上04
琴舞07

1436				1436			1436
子				㝅			季
琴舞09	芮良夫09	良臣06	良臣09	繫年041	⿱敄子	⿱敄糸	楚居01
琴舞13	芮良夫17	良臣06	良臣10	芮良夫21	金縢03	芮良夫09 重見723	楚居02
芮良夫02	良臣05	良臣09	良臣10	芮良夫24			楚居03
芮良夫02	良臣05	良臣09	良臣10				良臣08
芮良夫05	良臣05	良臣09	良臣10				
芮良夫06	良臣06	良臣09					

1436	1436	1436	1436	1436	1438	1439	1440
					［孴］		
孚	⿰子朱	⿰子夸	⿱來子	學	⿱孨晋	𠫓	丑
 祭公06 重見349  芮良夫18  琴舞03	 祭公01	 祭公20	 尹誥03  祭公16  繫年002  繫年137  琴舞07（重）	 金縢07  芮良夫15	 金縢05  繫年133	 繫年117 重見424  繫年135	 保訓01

					1444	1444	1443
					［㠯］		［辰］
					以	巳	昬
皇門11	皇門07	金縢11	金縢06	耆夜11	程寤09	耆夜11	繫年088 重見706
皇門12	皇門08	金縢12	金縢08	耆夜13	保訓03	耆夜12	
祭公08	皇門09	金縢14（背）	金縢09	耆夜14	保訓03	耆夜14	
祭公15	皇門09	皇門02	金縢10	金縢01	保訓08	繫年046	
祭公16	皇門10（殘）	皇門05	金縢10	金縢04	耆夜03	説命上05	
祭公16	皇門10	皇門06	金縢10	金縢05	耆夜07	琴舞04	

祭公16	楚居11	繫年002	繫年016	繫年026	繫年035	繫年043	繫年055
祭公19	楚居14	繫年006	繫年017	繫年026	繫年035	繫年044	繫年056
祭公19	楚居14	繫年012	繫年018	繫年029	繫年038	繫年045	繫年059
楚居03	楚居15	繫年012	繫年020	繫年029	繫年040	繫年047	繫年060
楚居04	楚居15	繫年015	繫年024	繫年030	繫年041	繫年051	繫年062
楚居04	繫年001	繫年016	繫年026	繫年035	繫年042	繫年054	繫年065

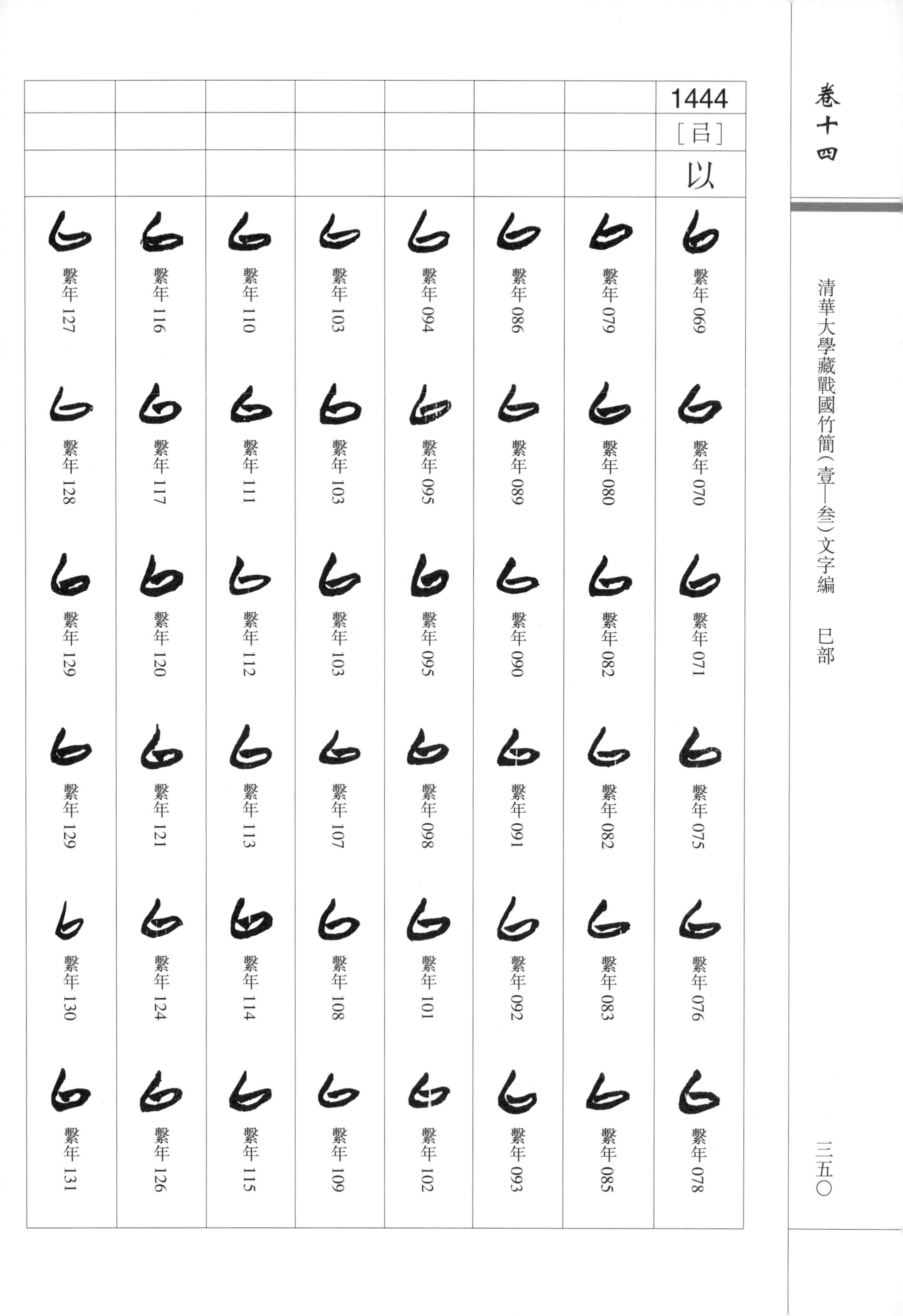

1444
［吕］
以

繫年 069
繫年 070
繫年 071
繫年 075
繫年 076
繫年 078
繫年 079
繫年 080
繫年 082
繫年 082
繫年 083
繫年 085
繫年 086
繫年 089
繫年 090
繫年 091
繫年 092
繫年 093
繫年 094
繫年 095
繫年 095
繫年 098
繫年 101
繫年 102
繫年 103
繫年 103
繫年 103
繫年 107
繫年 108
繫年 109
繫年 110
繫年 111
繫年 112
繫年 113
繫年 114
繫年 115
繫年 116
繫年 117
繫年 120
繫年 121
繫年 124
繫年 126
繫年 127
繫年 128
繫年 129
繫年 129
繫年 130
繫年 131

1446	1445						
未	午						
保訓 10	皇門 01	赤鵠 15	祝辭 01	芮良夫 14	芮良夫 03	說命上 01	繫年 133
耆夜 09			祝辭 02	芮良夫 14	芮良夫 06	說命上 03	繫年 133
金縢 01			祝辭 02	芮良夫 17	芮良夫 07	說命上 03	繫年 134
金縢 09			祝辭 03	芮良夫 18	芮良夫 11	說命上 05	繫年 136
金縢 09			祝辭 04	芮良夫 28	芮良夫 12	說命下 03	繫年 137
繫年 047			祝辭 05	良臣 11	芮良夫 13	芮良夫 03	繫年 137

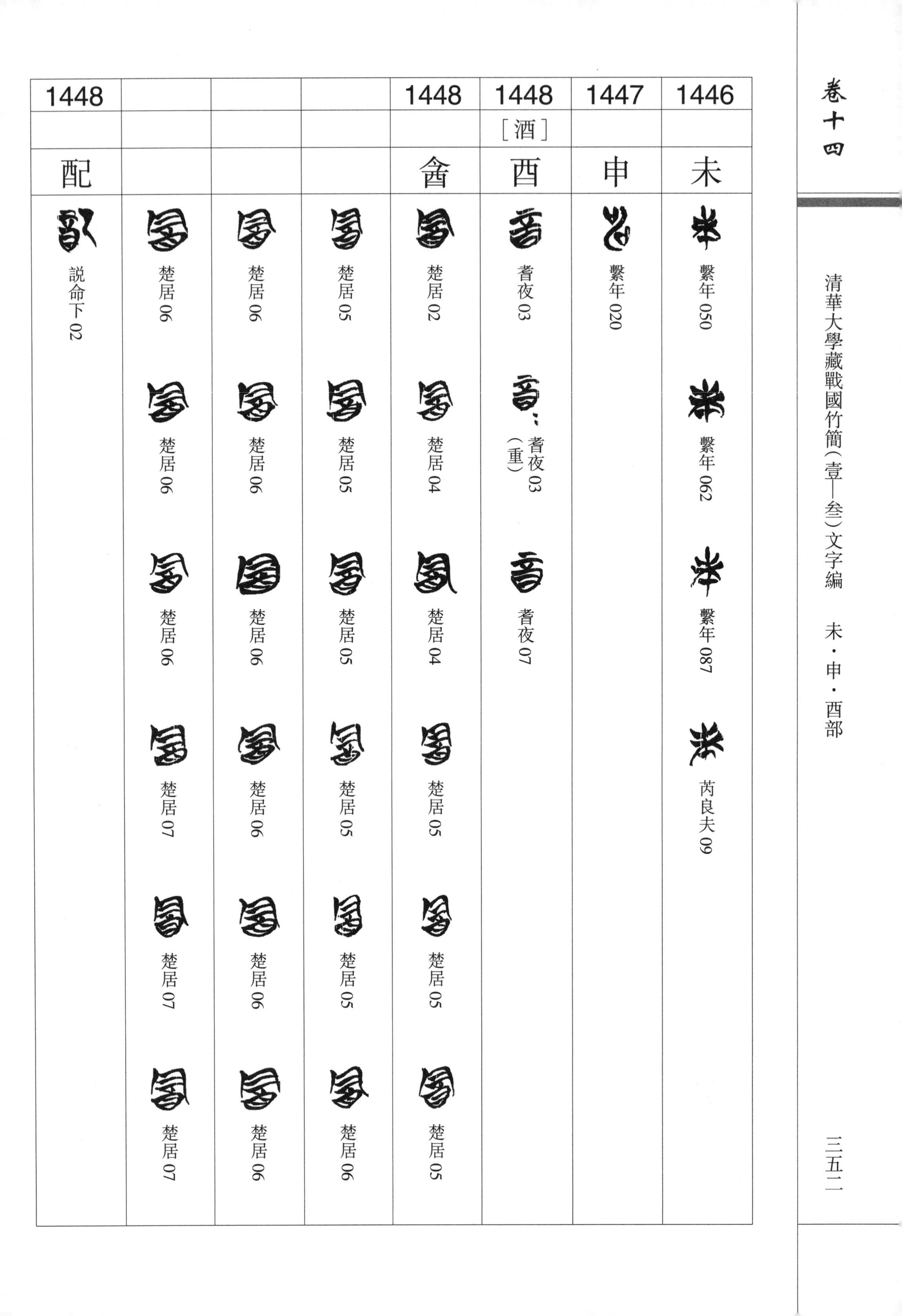

1448				1448	1448	1447	1446
					[酒]		
配				酓	酉	申	未
説命下02	楚居06	楚居06	楚居05	楚居02	耆夜03	繫年020	繫年050
	楚居06	楚居06	楚居05	楚居04	耆夜03（重）		繫年062
	楚居06	楚居06	楚居05	楚居04	耆夜07		繫年087
	楚居07	楚居06	楚居05	楚居05			芮良夫09
	楚居07	楚居06	楚居05	楚居05			
	楚居07	楚居06	楚居06	楚居05			

1450	1448	1448	1448			1448	1448
							［醉］
戌	囗酉	酉萬	酉垔			爿酉	酉系
繫年 137	楚居 14（重）重見 601	繫年 061	耆夜 08	繫年 136	繫年 056	金縢 07	耆夜 07
		繫年 061		祝辭 03	繫年 067	繫年 023	
				祝辭 04	繫年 084	繫年 025	
				祝辭 05	繫年 119	繫年 046	
				赤鵠 06	繫年 130	繫年 046	
				赤鵠 06	繫年 132	繫年 052	

昀＝	尐＝	爲它＝	潰＝	帝＝	尖＝	孫＝	夫＝
旬日	少子	爲它	潰水	上帝	小人	子孫	大夫
 尹至01	 程寤01	 程寤01  程寤04	 保訓01	 程寤04  繫年001  繫年001	 保訓04	 保訓09  皇門06	 金縢10  祭公16  繫年032  繫年050  繫年052

字頭	釋文	字形
夫=	大夫	 繫年 069  繫年 089  繫年 096  繫年 097  繫年 111  繫年 123
大=	大夫	 繫年 011
所=	之所	 金縢 13  祭公 03
至=	至于	 繫年 002  繫年 090  繫年 092
拜=	拜手	 祭公 02  祭公 09
䭫=	稽首	 祭公 03  祭公 09  祭公 21  說命上 04
乳=	乳子	 楚居 11  繫年 097  繫年 098
廿=	二十	 繫年 008

合文	釋文	字形	出處
丗=	三十		繫年004
𠦜=	五十		保訓01
先=	之先		繫年015
之止=	之止		繫年023
㱃=	飲酒		繫年027

篇名	數字	字形	出處
尹至	一		尹至01（背）
	二		尹至02（背）
	三		尹至03（背）
	四		尹至04（背）
	五		尹至05（背）
尹誥	一		尹誥01（背）
	二		尹誥02（背）
	三	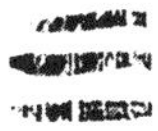	尹誥03（背）
	四		尹誥04（背）
金縢	一		金縢01（背）
	二		金縢02（背）
	三		金縢03（背）
	四		金縢04（背）
	五		金縢05（背）
	六		金縢06（背）
	七		金縢07（背）
	八		金縢08（背）
	九		金縢09（背）
	十		金縢10（背）
	十一		金縢11（背）
	十二		金縢12（背）

篇名	字	字形	出處
金縢	十三		金縢13(背)
	十四		金縢14(背)
耆夜	一		耆夜01(背)
	二		耆夜02(背)
	三		耆夜03(背)
	四		耆夜04(背)
	五		耆夜05(背)
	六		耆夜06(背)
	七		耆夜07(背)
	八		耆夜08(背)
	九		耆夜09(背)
	十	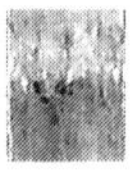	耆夜10(背)(殘)
	十一		耆夜11(背)
	十二		耆夜12(背)
	十三		耆夜13(背)
	十四		耆夜14(背)
皇門	一		皇門01(背)
	二		皇門02(背)
	三		皇門03(背)
	四		皇門04(背)
	五		皇門05(背)
	六		皇門06(背)

	七  皇門07（背）	八  皇門08（背）	九  皇門09（背）
	十  皇門10（背）	十一  皇門11（背）	十二  皇門12（背）
	十三  皇門13（背）		
祭公	一  祭公01（背）	二  祭公02（背）	三  祭公03（背）
	四  祭公04（背）	五  祭公05（背）	六  祭公06（背）
	七  祭公07（背）	八  祭公08（背）	九  祭公09（背）（殘）
	十  祭公10（背）	十一  祭公11（背）	十二  祭公12（背）
	十三  祭公13（背）	十四  祭公14（背）（殘）	十五  祭公15（背）（殘）

	祭公		繫年				
十六	十九	十六	一	四	七	十	十三
祭公16（背）	祭公19（背）（殘）	祭公16（背）	繫年001（背）	繫年004（背）	繫年007（背）	繫年010（背）	繫年013（背）
十七	廿	十七	二	五	八	十一	十四
祭公17（背）	祭公20（背）	祭公17（背）	繫年002（背）	繫年005（背）	繫年008（背）（殘）	繫年011（背）	繫年014（背）
十八	廿一	十八	三	六	九	十二	十五
祭公18（背）	祭公21（背）	祭公18（背）	繫年003（背）	繫年006（背）	繫年009（背）	繫年012（背）	繫年015（背）
十六							
繫年016（背）							
十七							
繫年017（背）							
十八							
繫年018（背）							

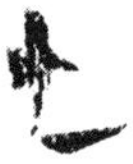

十九

繫年019（背）（殘）

廿

繫年020（背）

廿一

繫年021（背）

廿二

繫年022（背）

廿三

繫年023（背）

廿四

繫年024（背）

廿五

繫年025（背）

廿六

繫年026（背）

廿七

繫年027（背）

廿八

繫年028（背）

廿九

繫年029（背）

卅

繫年030（背）

卅一

繫年031（背）

卅二

繫年032（背）

卅三

繫年033（背）

卅四

繫年034（背）

卅五

繫年035（背）

卅六

繫年036（背）（殘）

卅七

繫年037（背）

卅八

繫年038（背）

卅九

繫年039（背）

卌

繫年040（背）

卌一

繫年041（背）

卌二

繫年042（背）

繫年

卌三

繫年043（背）

卌四

繫年044（背）

卌五

繫年045（背）

卌六

繫年046（背）

卌七

繫年047（背）

卌八

繫年048（背）

卌九

繫年049（背）

五十=

繫年050（背）

五十一

繫年051（背）

繫年053（背）

五十二

繫年052（背）

五十三

繫年054（背）

五十四

繫年055（背）

五十五

繫年056（背）（殘）

五十六

繫年057（背）

五十七

繫年058（背）

五十八

繫年059（背）

五十九
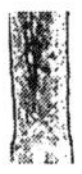
繫年060（背）（殘）

六十

繫年061（背）

六十一

繫年062（背）

六十二

繫年063（背）

六十三

繫年064（背）

六十五

繫年066（背）

六十六

繫年067（背）

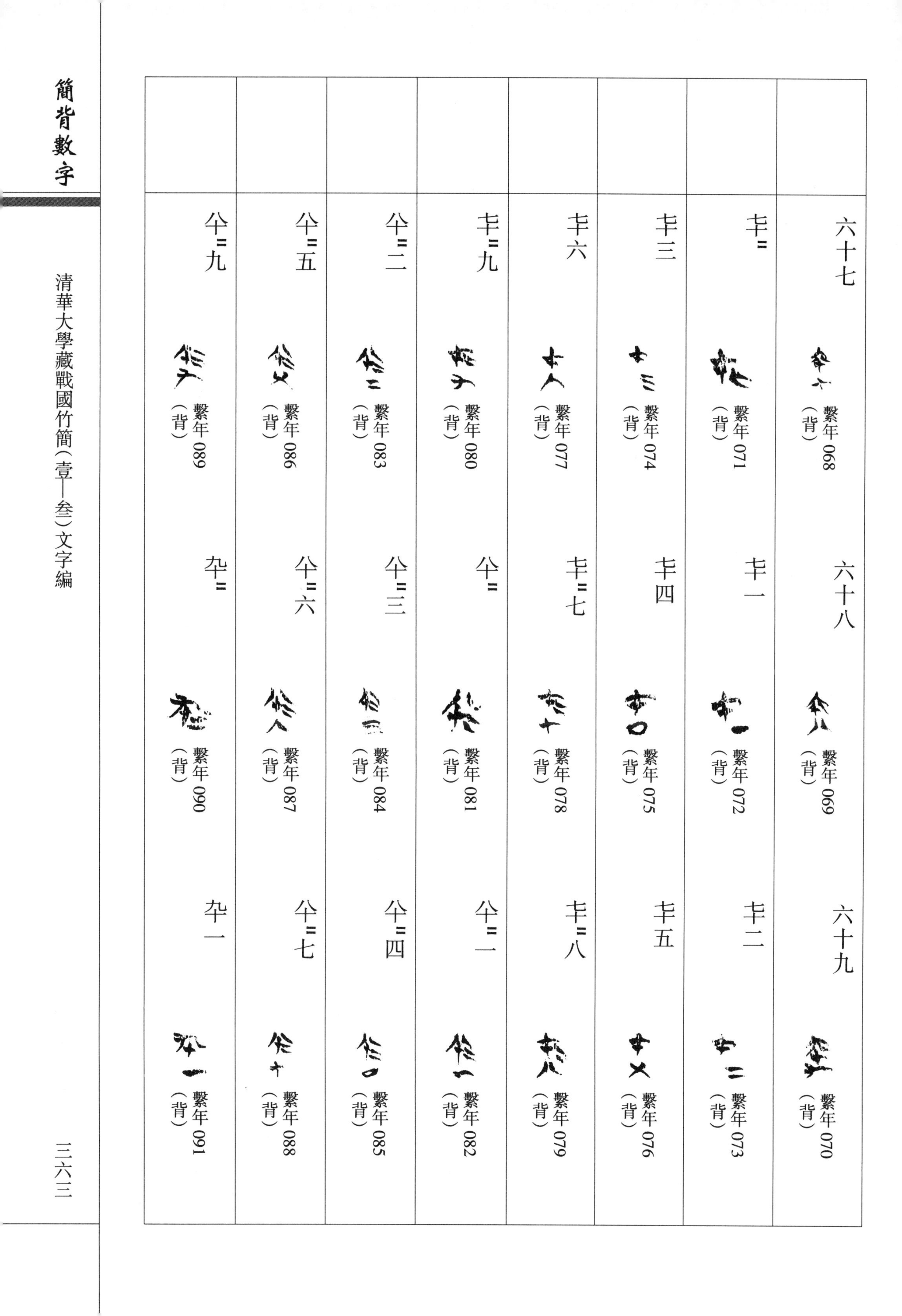

六十七 繫年068（背）	卋= 繫年071（背）	卋三 繫年074（背）	卋六 繫年077（背）	卋=九 繫年080（背）	仐=二 繫年083（背）	仐=五 繫年086（背）	仐=九 繫年089（背）
六十八 繫年069（背）	卋一 繫年072（背）	卋四 繫年075（背）	卋=七 繫年078（背）	仐= 繫年081（背）	仐=三 繫年084（背）	仐=六 繫年087（背）	卆= 繫年090（背）
六十九 繫年070（背）	卋二 繫年073（背）	卋五 繫年076（背）	卋=八 繫年079（背）	仐=一 繫年082（背）	仐=四 繫年085（背）	仐=七 繫年088（背）	卆一 繫年091（背）

繫年

釋文	字形	出處
卆=二		繫年092（背）
卆=三		繫年093（背）
卆=四		繫年094（背）
卆=五		繫年095（背）
卆=六		繫年096（背）
卆=七		繫年097（背）
卆=八		繫年098（背）
卆=九		繫年099（背）
百		繫年100（背）
百一		繫年101（背）
百二		繫年102（背）
百三		繫年103（背）
百四		繫年104（背）
百五		繫年105（背）
百六		繫年106（背）
百七		繫年107（背）
百八		繫年108（背）
百九		繫年109（背）
百十		繫年110（背）
百十一		繫年111（背）
百十二		繫年112（背）
百十三		繫年113（背）
百十四		繫年114（背）
百十五		繫年115（背）

百十六

繫年116（背）

百十七

繫年117（背）

百十八

繫年118（背）

百十九

繫年119（背）

百廿

繫年120（背）

百廿一

繫年121（背）

百廿二

繫年122（背）

百廿三

繫年123（背）

百廿四

繫年124（背）

百廿五

繫年125（背）

百廿六

繫年126（背）

百廿七

繫年127（背）

百廿八

繫年128（背）

百廿九

繫年129（背）

百卅

繫年130（背）（殘）

百卅一

繫年131（背）（殘）

百卅二

繫年132（背）（殘）

百卅三

繫年133（背）

百卅四

繫年134（背）（殘）

百卅五

繫年135（背）

百卅六

繫年136（背）

百卅七

繫年137（背）

說命（上）

一

說命上01（背）

二

說命上02（背）

三

說命上03（背）

四

說命上04（背）

五

說命上05（背）

六

說命上06（背）

七

說命上07（背）

說命（中）

一

說命中01（背）

二

說命中02（背）

三

說命中03（背）

四

說命中04（背）

五

說命中05（背）

六

說命中06（背）

七

說命中07（背）

說命（下）

二

說命下02（背）

三

說命下03（背）

四

說命下04（背）

五

說命下05（背）

六

說命下06（背）

七

說命下07（背）

篇名	數字	字形	出處
	八		說命下08（背）
	九		說命下09（背）
	十		說命下10（背）
周公之琴舞	一		琴舞01（背）
	二		琴舞02（背）
	三		琴舞03（背）
	四		琴舞04（背）
	五		琴舞05（背）
	六		琴舞06（背）
	七		琴舞07（背）
	八		琴舞08（背）
	九		琴舞09（背）
	十		琴舞10（背）
	十一		琴舞11（背）
	十二		琴舞12（背）
	十三		琴舞13（背）
	十四		琴舞14（背）
	十五		琴舞15（背）
	十六		琴舞16（背）
芮良夫毖	一		芮良夫01（背）
	二		芮良夫02（背）
	三		芮良夫03（背）

芮良夫毖

四

芮良夫04（背）

五

芮良夫05（背）

六

芮良夫06（背）

七

芮良夫07（背）

八

芮良夫08（背）

九

芮良夫09（背）

十

芮良夫10（背）

十一

芮良夫11（背）

十二

芮良夫12（背）

十三

芮良夫13（背）

十四

芮良夫14（背）

十五

芮良夫15（背）

十六

芮良夫16（背）

十七

芮良夫17（背）

十八

芮良夫18（背）

十九

芮良夫19（背）

廿

芮良夫20（背）

廿一

芮良夫21（背）

廿二

芮良夫22（背）

廿三

芮良夫23（背）

廿四

芮良夫24（背）

廿五

芮良夫25（背）

廿六

芮良夫26（背）

廿七

芮良夫27（背）

廿八  芮良夫28（背）

赤鵠之集湯之屋

一  赤鵠01（背）

二  赤鵠02（背）

三  赤鵠03（背）

四  赤鵠04（背）

五  赤鵠05（背）

六  赤鵠06（背）

七  赤鵠07（背）

八  赤鵠08（背）

九  赤鵠09（背）

十  赤鵠10（背）

十一  赤鵠11（背）

十二  赤鵠12（背）

十三  赤鵠13（背）

十四  赤鵠14（背）

十五  赤鵠15（背）

耆夜13（殘）

耆夜14（殘）

耆夜14（殘）

祭公20（殘）

祭公20（殘）

芮良夫16（殘）

芮良夫25（殘）

赤鵠05（殘）

程寤06

繫年056

良臣02

赤鵠14

芮良夫06

赤鵠15

拼音檢索表

A

ai 哀 35
ai 衮 35
270
ai 㤅 151
266
an 安 200
an 瀍 326
an 壛 326
ao 嚻 61

B

ba 八 21
ba 柭 155
ba 犮 251
ba 藏 305
bai 敗 92
bai 贁 92
bai 戝 93
306
bai 百 101
bai 全 102
144
bai 柏 153
bai 白 211
bai 拜 293
ban 班 13
bang 邦 174
bao 孚 76
bao 缶 145
bao 暴 185
bao 寚 201
bao 保 201
215
bao 瘻 208
bao 伂 220
bei 否 35
bei 卑 85
bei 箄 205
bei 備 216
bei 僂 220
bei 北 221
bei 犻 252
bei 陂 260
ben 奔 256
beng 繃 314
bi 璧 13
bi 必 26
bi 釆 28
bi 訛 69
bi 䛑 69
bi 卑 85
bi 敝 94
bi 弻 95
bi 畀 124
bi 朼 160
bi 㡀 212
bi 敝 212
bi 比 221
bi 怭 272
bi 閟 291
bi 妣 296
bi 婢 296
bi 藏 305
bi 弻 311
bi 縪 316
bi 羅 316
bian 覍 73
231
bian 枝 156
bian 庋 245
bin 賓 171
bin 宾 202
bin 瀕 281
bing 荓 17
bing 兵 72
bing 秉 83
bing 㾪 207
bing 㥒 208
273
bing 并 221
bing 並 261
bing 冰 282
bing 昺 36
342
bo 科 28
bo 郎 181
bo 白 211
bo 帛 211
bo 波 277
bu 卜 96
bu 不 286

C

cai 芽 18
cai 才 158
cai 郗 179
cai 鄒 179
cai 恣 270
can 晶 186
can 傪 172
218
cang 臧 87
305
cang 䐹 87
173
cang 倉 144
cang 𡨴 204
cao 曹 129
ce 冊 60
ce 策 120
ce 惻 268
ce 測 277
chan 讒 67
chan 譂 68
chan 詅 68
chan 產 168
chang 崇 6
chang 嘗 136
chang 昌 184
chang 長 246
chang 裳 246
chao 朝 186
che 敧 94
che 車 333
chen 臣 86
chen 晨 187

D

E

拼音	字	頁
		83
ji	返	51
		83
ji	詣	67
ji	馺	68
ji	覾	78
ji	及	82
ji	飯	94
ji	罢	98
ji	雞	104
ji	集	106
ji	幾	110
ji	即	141
ji	既	142
ji	餼	142
		143
ji	飢	143
ji	棶	155
ji	稷	194
ji	疾	207
ji	瘠	208
ji	瘵	273
ji	濟	277
ji	覍	292
ji	姬	295
ji	絈	313
ji	繫	315
ji	繡	316
ji	亟	320
ji	墍	321
ji	坁	325
ji	屍	331

拼音	字	頁
huang	室	204
huang	亢	282
huang	黃	328
hui	讀	67
hui	惠	110
hui	會	144
hui	回	169
hui	毀	324
hun	鹽	170
		319
hun	薛	292
huo	禍	6
huo	褐	6
huo	敆	94
huo	膡	140
huo	貨	171
huo	火	252
huo	怱	272
huo	悠	273
huo	或	302

J

拼音	字	頁
ji	祭	5
ji	褸	6
		195
ji	禮	6
ji	裸	7
ji	蘆	17
ji	吉	32
ji	昌	36
		343
ji	銎	41

拼音	字	頁
hou	句	62
hou	詯	63
hou	胸	116
hou	侯	146
hou	厚	149
hu	骼	107
hu	虐	137
hu	虎	138
hu	虖	138
hu	扈	175
hu	書	202
hu	憲	274
hu	獸	259
hu	瓜	290
hua	芋	15
		168
hua	顝	115
huai	罢	98
huai	韽	149
huai	襄	224
huai	深	280
huan	趄	38
huan	還	46
huan	关	72
huan	敨	94
huan	睘	98
huan	貙	106
huan	宦	201
huan	佪	221
huan	洹	276
huan	轘	335
huang	皇	13

拼音	字	頁
han	屈	219
		244
han	岍	243
han	灘	275
hao	埜	40
hao	鄗	175
hao	淏	280
hao	好	297
hao	訶	67
		235
hao	謚	70
hao	可	132
hao	盍	139
hao	禾	193
hao	書	202
hao	河	275
hao	瀔	280
hao	淋	281
hao	蓄	318
he	和	32
he	曟	210
hei	墨	323
heng	巠	40
		321
heng	衡	119
heng	奐	119
heng	惡	272
		321
hong	态	272
hou	佫	36
		55
hou	逡	55

拼音	字	頁
		56
gui	邉	40
		51
gui	追	48
gui	誄	67
gui	爲	76
gui	鬼	242
gui	匱	310
guo	迶	51
guo	虔	138
guo	鄹	138
		178
guo	臺	148
		177
guo	果	154
guo	鄋	169
		178
guo	緘	237
guo	或	302

H

拼音	字	頁
hai	禼	151
		203
hai	書	202
hai	憲	203
hai	海	276
hai	藩	280
hai	曟	296
han	音	71
han	霏	184
		284
han	馭	185

K

清華大學藏戰國竹簡（壹—叁）文字編

mie	蔑	105	mao	茅	16	lu	虞	138	li	戾	251	kui	嬰	99
mie	鄭	180	mao	楙	158			190	li	立	259	kui	饋	142
mie	穰	194	mao	冒	209	lu	虜	138	li	里	327	kui	樊	153
mie	癙	209	mao	毛	226			190	li	奎	327	kun	昆	185
mie	滅	279	mao	悉	266	lu	賂	171	li	力	329	kuo	适	44
min	惛	271	mao	蓘	17	lu	彔	193	li	李	347			
min	民	298			266	lu	寠	205	li	醨	353		**L**	
ming	名	29	mei	霥	75	lu	鹿	249	lian	連	47	la	剌	169
ming	命	30	mei	眛	182	lu	麖	249	lian	曆	244	lai	棶	40
ming	冥	186	mei	痗	209	luan	衛	58	lian	纕	318			150
ming	明	188	mei	袂	225	luan	戀	67	liang	欵	148	lai	速	51
ming	盟	189	mei	懑	272	luan	臠	112	liang	良	149			150
ming	覭	234	mei	孫	347	luan	圝	112	liang	梁	155	lai	睿	150
mo	莫	19	men	門	290	luan	圝	112	liang	量	223	lai	李	347
mo	末	154	men	閔	291	luan	綳	180	liao	料	333	lan	藍	15
mo	沒	278	meng	累	7	luo	蒼	15	lie	儠	115	lan	惏	267
mo	墨	323	meng	明	188	luo	羅	210	lie	剌	169	lang	郎	177
mou	咎	36	meng	盟	189	luo	洛	276	lin	茴	18	lao	老	226
		65	meng	夢	189	luo	雺	283	lin	吝	34	lao	袋	329
mou	愺	65	mi	迷	47	lü	遮	52	lin	褰	150	le	藥	16
		270	mi	爾	97	lü	槀	139	lin	林	157			155
mou	某	154	mi	楚	199	lü	邵	177	lin	臨	223	lei	雷	283
mu	目	98	mi	淼	204	lü	顏	228	lin	叟	239	li	禼	75
mu	蓦	114	mi	寀	205			236	ling	莅	18	li	利	117
mu	木	153	mi	屖	228				ling	霝	283	li	豊	136
mu	暮	190	mi	磊	245		**M**		ling	陵	337	li	棟	156
mu	穆	194	mi	麋	249				liu	流	281	li	罥	210
mu	幕	211	mian	免	220	ma	馬	249	liu	六	340	li	觀	234
mu	慕	266	mian	惛	271	man	戀	67	long	龍	284	li	曆	244
mu	母	295	miao	笁	121	man	曼	81	lu	逐	52	li	礪	245
mu	畮	327	miao	畱	206	man	圖	170			59	li	驪	249
			mie	蔑	105	man	甿	227	lu	魯	100	li	麗	249
						mao	岇	15						

清華大學藏戰國竹簡（壹—叁）文字編

qing	同	148	qian	侃	282	qi	记	38	pan	盤	139

qing	同	148	qian	侃	282	qi	记	38	pan	盤	139
qing	卿	240	qiang	鄧	181			52	pang	旁	4
qing	隋	243	qiang	弪	181	qi	器	61	pang	蒡	18
		339			311	qi	啟	89	pang	彭	136
qing	情	263	qiang	疆	328	qi	攴	90	pang	汸	281
qing	清	277	qiao	丂	132	qi	弃	109	pei	纀	318
qiong	窮	206	qiao	喬	256	qi	云	109	pei	配	352
qiu	蘇	18	qie	姜	71			347	peng	朋	106
		196	qie	虞	82	qi	脅	117	peng	彭	136
qiu	囷	170			137	qi	亓	121	peng	郷	175
qiu	絿	196	qie	旻	84	qi	郖	177	pi	波	53
qiu	丘	222	qie	懺	198	qi	齊	192	pi	訛	69
qiu	坕	222	qie	懺	198	qi	仡	216	pi	皮	89
qiu	求	226	qie	且	332	qi	耆	226	pi	皷	152
qiu	惎	269	qin	詮	70	qi	忎	265	pi	俾	217
qu	取	84	qin	朌	117	qi	感	268	pi	被	225
qu	叡	84	qin	秦	196	qi	忎	269	pi	辟	241
qu	毆	87	qin	寢	202	qi	沂	276	pi	不	286
qu	巨	125	qin	帰	202	qi	淒	278	pi	埤	324
qu	郒	177	qin	鋈	205	qi	漼	279	pin	噼	35
qu	屈	228			308	qi	妻	295	ping	噼	35
qu	區	310	qin	戕	217	qi	觜	310	ping	坪	322
qu	凸	310			305	qi	七	340	po	朗	187
qu	緻	316	qin	親	233	qian	尋	39	pu	莆	15
quan	諫	68	qin	念	269	qian	罋	46	pu	儳	72
quan	藿	105	qin	沁	276	qian	鴹	46	pu	甫	97
quan	犬	250	qin	鋈	308	qian	逤	50	pu	捕	294
quan	泉	282	qin	堇	327	qian	千	63			
que	散	94	qin	欽	331	qian	虔	137	qi	祇	5
que	鶴	104	qin	新	333	qian	盍	139	qi	乞	14
		107	qin	禽	341	qian	戀	268	qi	起	38
que	篅	120	qing	請	64	qian	汧	275	pan	反	83

N

na	内	145
nai	乃	129
nai	廼	132
nan	南	167
nan	戁	265
nan	男	328
neng	能	252
ni	逆	45
ni	誽	68
ni	弱	238
ni	淣	281
nian	喦	59
nian	年	195
nian	念	264
nie	剔	118
nie	朔	188
nie	墾	292
nie	㢢	347
ning	盇	200
		207
niu	牛	28
nu	惄	267
nu	奴	297
nue	盧	137
		319
nue	癘	208
nü	女	294

Q

P

shi	思	261	shi	遣	53			143	ruo	弱	238	qun	羣	106

拼音	字	頁	拼音	字	頁	拼音	字	頁	拼音	字	頁	拼音	字	頁
shi	思	261	shi	遣	53			143	ruo	弱	238	qun	羣	106
shi	蕙	271	shi	十	63	she	弽	146	ruo	緒	317					
shi	弋	300	shi	殜	63			311				**R**		
shi	氏	300			114	she	額	237	**S**			ran	肰	116
shi	李	347	shi	訧	70	she	豫	248	san	三	8	ran	然	252
shou	曼	34	shi	史	85	she	赤	253	san	柬	168	ren	刃	118
shou	收	93	shi	事	85	she	涉	281	san	晶	186	ren	邘	180
shou	受	112	shi	寺	88	she	它	320	sang	芒	15	ren	人	213
shou	壽	226	shi	時	89	shen	神	5			37	ren	尼	215
shou	首	237	shi	攸	90	shen	逝	54	san	參	187			254
shou	獸	251	shi	奭	102	shen	甚	126	se	嗇	150	ren	忍	269
		341	shi	殊	113	shen	寞	204	sha	殺	88	ren	紝	313
shu	述	44	shi	式	125	shen	深	207	shan	善	70	ri	日	182
shu	箬	86	shi	飤	142	shen	身	223	shan	山	243	rong	蟲	75
		121	shi	矢	145	shen	蕙	271	shang	上	3			148
shu	敀	94	shi	市	148	shen	澎	280	shang	走	3			319
shu	舒	112	shi	市	166	shen	彊	310			41	rong	容	201
shu	醹	126	shi	自	167	shen	繡	317	shang	尚	22	rong	頌	236
shu	箸	149			335	shen	申	352	shang	商	61	rong	戎	302
shu	梪	154	shi	眢	167	sheng	眚	98	shang	剔	118	rou	肉	115
shu	邲	177			337	sheng	生	168	shang	惕	267	rou	柔	154
shu	恆	216	shi	旹	182	sheng	聖	291	shao	少	20	rou	脜	237
shu	弔	219	shi	啇	198	sheng	繏	316	shao	邵	175	ru	内	145
shu	胥	219	shi	室	199	shi	示	4	shao	邲	176	ru	汝	276
shu	庶	244	shi	實	200	shi	士	14	shao	卲	239	ru	需	284
shu	沛	279	shi	吏	218	shi	討	35	she	社	6	ru	女	294
shu	戍	302	shi	尿	228	shi	時	36	she	杢	6	rui	關	21
shu	紑	317	shi	貝	232	shi	是	43			325	rui	郪	181
shu	蜀	318	shi	賭	234	shi	适	44	she	執	77	ruo	若	16
shuai	衛	57	shi	石	245	shi	達	49	she	予	112	ruo	若	17
shuai	衒	57	shi	豕	248			293	she	舍	27	ruo	箬	120
shuai	帥	210	shi	凶	261	shi	迬	52	she	舍	36	ruo	仢	216

xu	緒	313	xing	行	56	xiang	音	148	xi	箮	211	wu	躬	107
xu	戌	353	xing	興	75	xiang	巷	181	xi	褻	224			109
xuan	巽	124	xing	咠	98	xiang	向	199	xi	息	262	wu	於	107
xuan	咠	228	xing	青	140	xiang	襄	224	xi	惜	268	wu	兀	1
xuan	咠	234	xing	荆	141	xiang	麈	250	xi	溪	279			231
xuan	觀	234	xing	星	187	xiang	降	337	xi	西	290	wu	勿	246
xuan	洹	276	xing	幸	257	xiao	芙	18	xi	戲	302	wu	塵	228
xuan	均	326	xing	型	323	xiao	少	20	xi	夬	311			250
xuan	弩	330	xiong	兢	18	xiao	嚚	61	xi	貔	312	wu	吳	256
xue	孝	96	xiong	兒	198	xiao	攻	93	xi	虫	318	wu	意	266
		347	xiong	佳	220	xiao	鴞	106	xi	蟲	318	wu	母	295
xue	血	140	xiong	兄	231	xiao	肖	115	xia	下	4	wu	武	303
xue	穴	206	xiong	陞	231	xiao	宵	201	xia	頭	151	wu	無	310
xue	靁	283	xiong	舍	352	xiao	嶕	244			236	wu	五	340
xun	訓	65	xiu	攸	92	xiao	孝	96	xian	咸	32	wu	戊	342
xun	傝	66	xiu	坚	92			347	xian	羴	106	wu	午	351
		221			325	xie	燮	81	xian	絲	184			
xun	巽	124	xiu	膅	117			253	xian	竅	207		X	
xun	鄩	179	xiu	休	155	xie	解	119	xian	先	232	xi	趣	38
xun	旬	241	xiu	卣	191	xie	箮	121	xian	次	235	xi	墨	41
xun	恂	265	xiu	秀	194	xie	嘼	126	xian	顯	236			51
xun	愻	271	xu	吁	34	xie	血	140	xian	獻	251	xi	巡	49
xun	忈	273	xu	遄	52	xie	縵	314	xian	憲	264	xi	遐	50
			xu	疋	59	xie	曬	328	xian	鮮	284	xi	醯	61
	Y		xu	許	64	xie	爨	330	xian	鹹	290	xi	箮	121
			xu	衜	68	xie	爨	330	xian	閼	291	xi	惥	136
ya	舀	58	xu	諝	68	xin	訐	66	xian	弦	312	xi	析	155
yan	嚴	37	xu	誓	129	xin	心	262	xian	至	326	xi	賽	172
yan	言	64	xu	卬	140	xin	慅	271	xian	險	337	xi	昔	185
yan	穿	72	xu	鄡	177	xin	沁	276	xiang	想	41	xi	夕	189
yan	脡	116	xu	須	238	xin	新	333			98	xi	富	206
yan	娜	178	xu	需	284	xin	辛	343	xiang	相	98			224
yan	韓	186												

拼音檢索表

清華大學藏戰國竹簡（壹—叁）文字編

三八三

zhen	戠	120	zhai	厏	199	yue	敫	91	yu	宇	200	you	坚	92
		306			245	yue	鴅	107	yu	寓	202			325
zheng	正	42	zhai	尾	228	yue	曰	126	yu	瘀	208	you	學	347
zheng	延	44	zhai	乇	245	yue	月	187	yu	褮	225	yu	玉	13
zheng	諹	69	zhan	署	37	yue	雩	283	yu	俞	229	yu	余	27
zheng	政	90	zhan	占	96	yue	戉	306	yu	癑	233	yu	僉	28
zheng	爭	113	zhan	幨	211	yue	約	314	yu	欲	234			85
zheng	奠	124	zhan	戰	302	yun	芸	16	yu	豫	248	yu	舍	27
zheng	靜	140	zhan	斬	334	yun	允	231	yu	獄	252			36
zheng	鄭	175	zhan	署	341				yu	圉	270			143
zheng	呈	222	zhang	章	71		**Z**		yu	雨	283	yu	韋	28
zheng	懎	269	zhang	長	246	zai	哉	32	yu	妤	297	yu	逾	45
zhi	止	39	zhang	斸	253	zai	再	110	yu	与	331	yu	遇	46
zhi	辵	38	zhao	灼	20	zai	葴	116	yu	禹	341	yu	邁	49
zhi	址	39	zhao	誓	66	zai	才	158	yuan	元	1	yu	魄	52
zhi	只	61	zhao	誻	66	zai	宰	201	yuan	遠	48			250
zhi	寺	88	zhao	訋	69	zai	剢	201	yuan	敫	95	yu	御	55
zhi	散	94	zhao	邶	176	zai	載	333	yuan	爰	112	yu	駿	55
zhi	智	101	zhao	邵	179	zang	國	19	yuan	肙	116			249
zhi	寴	111	zhao	朝	186			170	yuan	員	170	yu	戠	56
zhi	脂	116	zhao	韶	186	zang	牂	68	yuan	宴	204			306
zhi	旨	136	zhao	卲	239	zao	造	45	yuan	兀	1	yu	喬	61
zhi	枳	153	zhao	聖	240	zao	曩	182			231	yu	語	64
zhi	之	160			326	ze	則	118	yuan	鋗	241	yu	訖	66
zhi	賓	205	zhe	折	17	ze	責	172	yuan	悉	267	yu	與	73
zhi	耆	237	zhen	貞	96	ze	翠	257	yuan	愆	267	yu	羽	102
zhi	矺	245	zhen	朕	229	ze	惻	268	yuan	洹	276	yu	於	107
zhi	執	257	zhen	縢	229	zeng	曾	21	yuan	肙	277	yu	于	133
zhi	埶	257			315	zha	虘	82	yue	越	37	yu	虔	137
		293	zhen	紾	230			137	yue	邺	38	yu	棫	153
zhi	敊	258			315	zha	乍	309			181	yu	芋	15
zhi	嬭	261	zhen	憖	272	zhai	巂	177	yue	侖	60			168

筆畫檢索表

一畫

一 1

二畫

八 21
十 63
又 78
卜 96
乃 129
丂 132
厶 194
243
人 213
二 320
力 329
七 340
九 340
丁 342

三畫

兀 1
231
上 3
下 4
三 8
乞 14
士 14
口 29
千 63
及 82
刃 118
工 125
于 133
𠤎 155
才 158
之 160
夕 189
山 243
大 253
258
川 282
夊 314
女 294
弋 300
也 300
亡 308
弓 310
凸 310
凡 321
土 321
与 331
己 343
子 344
巳 348

四畫

元 1
天 1
王 8
中 14
屯 15
少 20
介 22
公 22
牛 28
止 39
乏 42
父 81
尹 82
反 83
云 109
347
予 112
亓 121
巨 125
曰 126
今 143
内 145
木 153
市 166
𣎵 167
日 182
月 187
弔 219
比 221
毛 226
方 230
允 231
文 238
卬 240
勿 246
犬 250
火 252
夭 256
夫 258
心 262
水 275
孔 286
不 286
𡚤 298
氏 300
戈 301
引 310
五 340
六 340
丑 347
以 348
午 351

五畫

示 4
玉 13
尔 21
97
必 26
台 32
正 42
疋 59
冊 60
只 61
句 62
古 63
右 81
史 85
皮 89
占 96
用 96
目 98
幼 110
左 125
右 125
甘 126
可 132
矢 145
同 148
市 148
末 154
朼 160
出 167
生 168
式 171
320
邻 179
旦 185
外 189
禾 193
尾 199
245
穴 206
白 211
𡰥 215
254
仡 216
仢 216
北 221
丘 222
兄 231
司 239
印 240

清華大學藏戰國竹簡（壹—叁）文字編

杅	156	吳	256	陣	339	吝	84	林	157	居	227
坒	166	志	263	辛	343		185	固	170	屄	228
邑	173	快	264	酉	352	卑	85	邞	176	屈	228
邵	175	忘	267			事	85	郎	177	服	230
郇	177	忢	267	**八畫**		攺	90	邨	177	府	244
那	178	忈	268			敃	94	郘	177	庋	245
郙	181	忍	269	祇	5	敓	95	郉	180	長	246
邯	181	忎	270	岢	15	者	100	弭	181	易	248
甬	191	忐	273	茅	16	佳	102		311	兔	250
卣	191	沁	276	若	16	朋	106	峕	182	狗	250
克	193	沂	276	尚	22	於	107	昌	184	戾	251
秀	194	沇	276	味	29	受	112	昔	185	奔	256
穸	202	沃	278	命	30	爭	113	昆	185	幸	257
宋	203	没	278	和	32	肩	115	朙	188	忌	260
岑	204	沸	279	周	33	肰	116	明	188	並	261
宅	205	尹	280	昏	36	肥	117	夜	189	念	264
峀	212	汸	281		65	胕	117	定	200	忐	265
但	219	姃	296	阯	40	肙	117	宜	201	𢖐	267
罟	219	晏	297	延	44	畀	124	宗	203	忞	267
免	220	妥	297	迟	44	廸	132	宝	203	忎	269
身	223	姒	297	述	44	虎	138	宎	205	怭	272
求	226	戉	302	休	44	虯	140	空	206	态	272
兌	231	我	307	迊	52	青	140	罙	207	怤	273
見	232	狀	311	波	53	芇	141	罔	209	河	275
貝	232	幽	313	建	56	京	148	帛	211	海	277
次	235	均	322	姜	71	悲	151	侗	215	波	277
卲	239	坺	323	奉	72		266	依	216	沭	280
吾	244	杢	325	承	293	松	153	咎	219	侃	282
矶	245	里	327	具	73	果	154	佸	220	雨	283
豕	248	男	328	君	82	牀	154	恒	221	會	284
赤	253	旎	330	秉	83	析	155	㠭	222	非	285
夾	255	車	333	取	84	東	156	堂	222	房	290
				叔	84						

十一畫

十三畫

十四畫

十七畫

十八畫

十九畫

廿畫

廿一畫

廿二畫

廿三畫

廿四畫

廿五畫

廿六畫

廿七畫

廿八畫

卅畫

釋文目録

尹至

【釋文】

隹（惟）尹自𦣞（夏）蓎（徂）白（亳），㝁至，才（在）湯=（湯。湯）曰：「各（格），女（汝）亓（其）又（有）吉志。」尹曰：「句（后），我逨（來），越（越）今昀=（旬日）。余𡵂（閔）亓（其）又（有）𦣞（夏）眾【一】[不]吉好，亓（其）又（有）句（后）氒（厥）志亓（其）倉（爽），龍（寵）二玉，弗悬（虞）亓（其）又（有）眾。民沇（噂）曰：『余返（及）女（汝）皆㞷（喪）。』隹（惟）㦵（災）盧（虐）悳，𤺉（暴）憧（動）【二】亡箕（典）。𦣞（夏）又（有）恙（祥），才（在）西才（在）東，見章于天，亓（其）又（有）民衘（率）曰：『隹（惟）我棘（速）禍（禍）。』咸曰：『害（胡）今東恙（祥）不章？今【三】亓（其）女（如）紿（台）？』」湯曰：「女（汝）告我𦣞（夏）䁙衘（率）若寺（時）？」尹曰：「若寺（時）。」湯累（盟）慙（質）返（及）尹，茲（茲）乃柔大縈。湯逞（往）【四】延（征）弗雋（服），執（摯）尾（度），執（摯）悳（德）不𤸰（僭）。自西戡（捷）西邑，戉（戜）亓（其）又（有）𦣞=（夏。夏）料（播）民內（入）于水，曰：「嘼（戰）。」帝曰：「一勿遺。」【五】

尹誥

【釋　文】

隹（惟）尹既彶（及）湯咸又（有）一悳（德），尹念天之散（敗）西邑頣（夏），曰：「頣（夏）自蔥（害）亓（其）又（有）民，亦隹（惟）氒（厥）眾，非民亡與獸（守）邑，【一】氒（厥）辟复（作）悁（怨）于民＝（民，民）复（復）之甬（用）麗（離）心，我戩（捷）滅（滅）頣（夏）。今句（后）害（胡）不藍（監）？」執（摯）告湯曰：「我克㔹（協）我畓（友），今【二】隹（惟）民遠邦逯（歸）志。」湯曰：「於（嗚）虖＝（呼，吾）可（何）复（祚）于民，卑（俾）我眾勿韋（違）朕言？」執（摯）曰：「句（后）亓（其）李（賚）之，亓（其）又（有）頣（夏）之【三】［金］玉田邑，舍（舍）之吉言。」乃至（致）眾于白（亳）审（中）邑。【四】

程寤

【釋文】

隹（惟）王元祀貞（正）月既生朋（魄），大（太）姒夢見商廷隹（惟）梾（棘），廼学=（小子）發取周廷杍（梓）梪（樹）于氒（厥）閒（間），𢀜=（化爲）松柏棫柞。【一】［悆］（寤）敬（驚），告王=（王。王）弗敢占，詈（詔）大（太）子發，卑（俾）霝（靈）名苋（凶），敝（祓）。祝忻（忻）敝（祓）王，晉（巫）銜（率）敝（祓）大（太）姒，宗丁敝（祓）大（太）子發。敝（幣）告【二】宗方（祊）杢（社）禝（稷），忻（祈）于六末山川，攻于商神，䁈（望），承（烝），占于明堂。王及大（太）子發並拜吉夢，受商命【三】于皇帝=（上帝）。興，曰：「發，女（汝）敬聖（聽）吉夢。朋梾（棘）戠（㲉）杍=松=（梓松，梓松）柏副，棫覆（覆）柞=（柞柞），𢀜=（化爲）雘。於（嗚）虐（呼），可（何）敬非朋，可（何）戒非【四】商，可（何）甬（用）非梪=（樹，樹）因欲，不違芽（材）。女（如）天隆（降）疾，旨味既甬（用），不可藥，時（時）不遠。隹（惟）商慼才（在）周=（周，周）慼才（在）商，【五】罤（擇）用周，果拜不忍，妥（綏）用多福。隹（惟）杍（梓）敝不義，𨑍（芃）于商，卑（俾）行量亡（無）乏，明=（明明）才（在）向。隹（惟）容内（納）梾（棘），意（抑）【七】欲隹（惟）柏夢，徒庶言迖，引（矧）又有勿（物）亡（無）跦（秋），明武禖（威），女（如）棫柞亡堇（根）。於（嗚）虐（呼），敬才（哉）。朕䎽（聞）周長不式（貳），敄（務）【六】亡勿甬（用），不忘，思（使）䫐（柔）和川（順），眚（生）民不芽（災），褱（懷）允。於（嗚）虐（呼），可（何）監非旹（時）？可（何）敄（務）非和？可（何）禖（褱）非文，可（何）【八】保非道，可（何）炁（愛）非身，可（何）力非人=（人？人）思（謀）彊（强），不可以𡨦（藏）。逡=戒（後。後戒），人甬（用）女（汝）母（謀），炁（愛）日不歫（足）。」【九】

保訓

【釋　文】

隹（惟）王𠦁＝（五十）年，不㾓（豫）。王念日之多鬲（歷），忎（恐）述（墜）保（寶）訓。戊子，自靧＝（靧水）。己丑，昧【一】［爽］□□□□□□□□。［王］若曰：「發，朕疾適（漸）甚，忎（恐）不女（汝）及【二】訓。昔歬（前）人連（傳）保（寶），必受之以詷（誦）。今朕疾允痁（病），忎（恐）弗念（堪）夂（終），女（汝）以箸（書）【三】受之。欽才（哉）！勿淫！昔叏（舜）舊（久）复（作）尖＝（小人），親勘（耕）于鬲（歷）茅，忎（攻）救（求）中。自詣（稽）氒（厥）志，【四】不諱（違）于庶萬眚（姓）之多欲。氒（厥）又（有）㰟（施）于上下遠埶（邇），迺（乃）易立（位）埶（設）詣（稽），測【五】侌（陰）昜（陽）之勿（物），咸川（順）不詳（逆）。叏（舜）既旻（得）中，言不易實覍（變）名，身茲備（服）隹（惟）【六】允。翼＝（翼翼）不解（懈），甬（用）乍（作）三隆（降）之悳（德）。帝尭（堯）嘉之，甬（用）受（授）氒（厥）緒。於（嗚）虖（呼），黹（祗）之【七】才（哉）！昔𡵂（微）叚（假）中于河，以復（復）又＝易＝（有易，有易）伓（服）氒（厥）辠（罪）。𡵂（微）亡（無）禼（害），迺（乃）追（歸）中于河。【八】𡵂（微）寺（志）弗忘，連（傳）貽（貽）孫＝（子孫），至于成康（湯），黹（祗）備（服）不解（懈），甬（用）受大命。於（嗚）虖（呼）！發，敬才（哉）！【九】朕䎽（聞）茲不舊（久），命未又所次（延），今女（汝）黹（祗）備（服）母（毋）解（懈），亓（其）又（有）所卣（由）矣，不（丕）【十】及尔（爾）身受大命。敬才（哉）！母（毋）淫！日不足，隹（惟）佰（夙）不羕（永）。」【十一】

耆夜

【釋 文】

武王八年，延（征）伐郜，大戓（戡）之。還，乃歆（飲）至于文大（太）室。縪（畢）公高爲客，卲（召）公保睪（奭）爲【一】夾，周公弔（叔）旦爲宔，辛公䛕𧆞（甲）爲立（位），复（作）策㝹（逸）爲東尚（堂）之客，郘（呂）上（尚）甫（父）命爲【二】司政（正），監歆（飲）酉（酒）。王夜（舉）籗（爵）醻（酬）縪（畢）公，复（作）訶（歌）一夂（終）曰藥=脂=酉=（《樂樂旨酒》）：「樂樂旨酒（酒），晏（宴）以二公；紝（恁）𡰥（仁）跬（兄）俤（弟），【三】庶民和同。方𢦟（臧）方武，穆=（穆穆）克邦；嘉籗（爵）速歆（飲），逡（後）籗（爵）乃從。」王夜籗（舉）（爵）醻（酬）周公，【四】复（作）訶（歌）一夂（終）曰鐙=𡧕=（《輶乘》）：「輶乘既弐（飭），人備（服）余不韋（胄）；虘士奮（奮）刃，殹（緊）民之秀；方𢦟（臧）方武，克燮【五】戴（仇）戠（讎）；嘉籗（爵）速歆（飲），逡（後）籗（爵）乃逡（復）。」周公夜籗（爵）醻（酬）縪（畢）公，复（作）訶（歌）一夂（終）曰鼏=（《鼏鼏》）：「鼏鼏戎備（服），𢦟（臧）【六】武悊=（赳赳）。宓（毖）情（精）𢘋（謀）猷，裕（裕）惪（德）乃救；王又（有）脂（旨）酉（酒），我𢝊（憂）以颺，既醉（醉）又𥂕（侑），明日勿稻。」周【七】公或夜籗（爵）醻（酬）王，复（作）祝誦一夂（終）曰明=上=帝=（《明明上帝》）：「明明上帝，臨下之光，不（丕）㬎（顯）逨（來）各（格），酓（歆）氒（厥）醴（禋）明（盟），於【八】……月又（有）城（成）散（轍），戢（歲）又（有）剔（臬）行，复（作）孳（茲）祝誦，萬壽亡疆。」周公秉籗（爵）未歆（飲），蛓（蟋）蟀（蟀）【九】趯隆（降）于尚（堂），「周」公复（作）訶（歌）一夂（終）曰蛓=蟀=（《蟋蟀》）：「蟋蟀）才（在）尚（堂），设（役）車亓（其）行；今夫君子，不憙（喜）不藥（樂）；夫日【一〇】□□，□□□忘

（荒）；母（毋）已大藥（樂），則夂（終）以康〓（康，康）藥（樂）而母（毋）忘（荒），是隹（惟）良士之迈〓（方）。𧒒（蟋）⿱衍虫（蟀）才（在）【一一】箬（席），戢（歲）矞員（云）茖（莫）；今夫君子，不憙（喜）不藥（樂）；日月亓（其）穖（邁），從朝返（及）夕，母（毋）已大康，則夂（終）【一二】以乍（祚）。康藥（樂）而母（毋）［忘］（荒），是隹（惟）良士之思〓（懼）。𧒒（蟋）⿱衍虫（蟀）才（在）舒，戢（歲）矞［員］（云）□，□□□□，□□□□【一三】，□□□□□，□□□□。母（毋）已大康，則夂（終）以思（懼）。康藥（樂）而母（毋）忘（荒），是隹（惟）良士之思〓（懼）。」【一四】

邰夜【一四背】

金縢

【釋文】

武王既克𩊚（殷）三年，王不𤸇（豫）又（有）𡰥（遲）。二公告周公曰：「我亓（其）爲王穆卜。」周公曰：「未可以【一】慼（戚）虗（吾）先王。」周公乃爲三坦（壇）同𡊨（墠），爲一坦（壇）於南方，周公立女（焉），秉璧旹（植）珪。史乃册【二】祝告先王曰：「尔（爾）元孫發也，𠢕（遘）𨗨（害）𧆛（虐）疾，尔（爾）母（毋）乃有備子之責才（在）上？隹（惟）尔（爾）元孫發也，【三】不若但（旦）也，是年（佞）若丂（巧）能，多忎（才）多埶（藝），能事𩲃（鬼）神。命于帝𨑌（廷），尃（溥）又（有）四方，以奠（定）尔（爾）子【四】孫于下𡐊（地）。尔（爾）之詡（許）我〓（我，我）則晉璧與珪。尔（爾）不我詡（許），我乃以璧與珪逯（歸）。」周公乃內（納）亓（其）【五】所爲𥘵（貢）自以弋（代）王之敓（說）于金紎（縢）之匱，乃命執事人曰：「勿敢言。」𡫸（就）逡（後）武王力（陟），𡌳（成）王由（猶）【六】學（幼）才（在）立（位），官（管）弔（叔）返（及）亓（其）羣𧿒（兄）俤（弟）乃流言于邦曰：「公𤞔（將）不利於需（孺）子。」周公乃告二公曰：「我之【七】□□□□亡以復（復）見於先王。」周公石（宅）東三年，𥜰（禍）人乃斯𣉻（得），於逡（後）周公乃遺王志（詩）【八】曰《周（雕）鴞》，王亦未逆公。是戠（歲）也，蘇（秋）大管（熟），未㪟（穫）。天疾風以雷，禾斯𡢺（偃），大木斯𢮛（拔）。邦人【九】□□□□𡯁（弁），夫〓（大夫）緑（端），以攴（啓）金紎（縢）之匱。王𣉻（得）周公之所自以爲𥘵（貢）以弋（代）武王之敓（說）。王𧪩（問）執【一〇】事人，曰：「訐（信）。殹（噫），公命我勿敢言。」王捕（布）箸（書）以湿（泣），曰：「昔公堇（勤）勞王豕（家），隹（惟）余沓（沖）人亦弗返（及）【一一】智（知），今皇天連（動）鬼（威），以章公悳（德），隹（惟）余沓

（沖）人亓（其）親逆公，我邦冡（家）豊（禮）亦宜之。」王乃出逆公，【一二】至鄗（郊）。是夕，天反風，禾斯记（起），凸（凡）大木斎=（之所）臧（拔），二公命邦人耒（盡）復（復）筀（築）之。戢（歲）大又（有）年，蘇（秋）【一三】則大敫（穫）。【一四】

周武王又（有）疾周公所自以弋（代）王之志【一四背】

皇門

【釋　文】

隹（惟）正［月］庚午，公畧（格）才（在）耆（胡）門。公若曰：「於（嗚）虐（呼）！朕寡（寡）邑少（小）邦，穫（蔑）又（有）耆耇慮（慮）事屏（屏）朕立（位），綿（肆）朕沓（沖）人非敢不用明刑，隹（惟）莫覍（開）【一】余嘉悳（德）之兌（說）。今我卑（譬）少（小）于大。我䎽（聞）昔才（在）二又（有）或（國）之折（哲）王則不（丕）共（恭）于卹，廼隹（惟）大門宗子埶（邇）臣，楙（懋）昜（揚）嘉悳（德），乞（迄）又（有）寶（寶），以【二】蘁（助）氒（厥）辟，堇（勤）卹王邦王豪（家）。廼方（旁）救（求）巽（選）睪（擇）元武聖夫，羞（羞）于王所。自釐（釐）臣至于又（有）貧（分）厶（私）子，句（苟）克又（有）款（諒），亡（無）不𨐨（遂）達獻言【三】才（在）王所。是人斯蘁（助）王共（恭）明祀，敷（敷）明刑。王用又（有）監，多憲（憲）正（政）命，用克和又（有）成。王用能承天之魯命，百眚（姓）萬民用【四】亡（無）不順（擾）比才（在）王廷。先王用又（有）萑（觀），以瀕（賓）右（佑）于上。是人斯既蘁（助）氒（厥）辟，堇（勤）勞王邦王豪（家）。先神示（祇）復（復）式（式）用休，卑（俾）備（服）【五】才（在）氒（厥）豪（家）。王邦用寍（寧），少（小）民用叚（假），能豪（稼）嗇（穡），戕（咸）祀天神，戎兵以能興，軍用多實。王用能盍（奄）又（有）四哭（鄰），遠土不（丕）承，孫=（子孫）用【六】穫（蔑）被先王之耿光。至于氒（厥）遂（後）嗣立王，廼弗肎（肯）用先王之明刑，乃隹（惟）訯=（急急），疋（胥）區（驅）疋（胥）教（教）于非彝。以豪（家）相氒（厥）室，弗【七】卹王邦王豪（家），隹（惟）俞（媮）悳（德）用，以䎽（問）求于王臣，弗畏不恙（祥），不肎（肯）惠聖（聽）亡（無）辠（罪）之詞（辭），乃隹（惟）不訓（順）是紿（治）。我王訪良言於是【八】人，斯乃非休悳（德）以膺（應），乃隹（維）乍（詐）區（詬）以畣（答），卑（俾）王之亡（無）依亡（無）薾（助）。卑（譬）女（如）戎夫，喬（驕）用從肣（禽），亓（其）由（猶）克又（有）臒（獲）？是人斯迺訡（讒）惻（賊）【九】□□，以不利氒（厥）辟氒（厥）邦。卑（譬）女（如）嚳（梏）夫之又（有）忞（媢）妻，曰余蜀（獨）備（服）才（在）寢，以自露（落）氒（厥）豕（家）。忞（媢）夫又（有）埶（邇）亡（無）遠，乃穿（弇）盍（蓋）善=【一〇】夫=（善夫，善夫）莫達才（在）王所。乃隹（惟）又（有）奉俟（癡）夫，是糗（揚）是纁（繩），是以爲上，是受（授）司事帀（師）長。正（政）用迷𠨐（亂），獄用亡（無）成。少（小）民用訔（禱）亡（無）用祀，【一一】天用弗寍（保）。忞（媢）夫先受吝（殄）罰，邦亦不盜（寍）。於（嗚）虖（呼）！敬（敬）才（哉），監于茲。朕遺父兄眾朕律（藎）臣，夫明尔（爾）悳（德），以薾（助）余一人𢝊（憂），母（毋）【一二】隹（惟）尔（爾）身之䜌（鋭），皆卹尔（爾）邦，叚（假）余憲（憲）。既告女（汝）忨（元）悳（德）之行，卑（譬）女（如）舿（主）舟，輔余于險，䜌（遂）余于淒（濟）。母（毋）乍（作）俎（祖）考𩒺（羞）才（哉）。」【一三】

祭公

【釋文】

王若曰：「且（祖）䙴（祭）公，哀（哀）余少（小）子，𡥈（昧）亓（其）才（在）立（位），訍（旻）天疾畏（威），余多寺（時）叚（假）懖（懲）。我䎽（聞）且（祖）不【一】余（豫）又（有）㞞（遲），余隹（惟）寺（時）逨（來）見（視），不沛（淑）疾甚，余畏天之乍（作）畏（威）。公亓（其）告我印（懿）悳（德）。」䙴（祭）公拜＝（拜手）【二】䭫＝（稽首），曰：「天子，𢘓（謀）父滕（朕）疾隹（惟）不瘳。滕（朕）身尚才（在）孳（茲），滕（朕）䰟（魂）才（在）滕（朕）辟卲（昭）王斎＝（之所），㖠（喪）煮（圖）不智（知）命。」【三】王曰：「於（嗚）虎（呼），公，滕（朕）之皇且（祖）周文王、剌（烈）且（祖）武王，厇（宅）下𨛭（國），乍（作）戟（陳）周邦。隹（惟）寺（時）皇上帝【四】厇（宅）亓（其）心，卿（享）亓（其）明悳（德），府（付）畀四方，甬（用）纏（膺）受天之命，尃（敷）䎽（聞）才（在）下。我亦隹（惟）又（有）若且（祖）【五】周公概（暨）且（祖）卲（召）公，孳（茲）由（迪）遝（襲）斈（學）于文武之曼悳（德），克夾卲（紹）城（成）康，甬（用）臧（畢）【六】城（成）大商。我亦隹（惟）又（有）若且（祖）䙴（祭）公，攸（修）和周邦，保朊（乂）王豖（家）。」王曰：「公爯（稱）丕（丕）顯悳（德），【七】以余少（小）子颺（揚）文武之剌（烈），颺（揚）城（成）、康、卲（昭）宔（主）之剌（烈）。」王曰：「於（嗚）虎（呼），公，女（汝）念孳（哉）！遜（遜）惜（措）乃【八】心，聿（盡）府（付）畀余一人。」公懋（懋）拜＝（拜手）䭫＝（稽首），曰：「允孳（哉）！」乃䛴（召）畢（畢）䟽、井（井）利、毛班，曰：「三公，𢘓（謀）父滕（朕）【九】疾隹（惟）不瘳，敢𡨄（告）天子，皇天改大邦殷（殷）之命，隹（惟）周文王受之，隹（惟）武王大敗（敗）之，【一〇】城（成）氒（厥）𥘵（功）。隹（惟）天奠我文王之志，違（動）之甬（用）畏（威），亦尚𡱒（寬）臧（藏）氒（厥）心，康受亦弋（式）甬（用）休，亦㞷（美）【一一】悉（懋）妥（綏）心，敬龏（恭）之。隹（惟）文武中大命，戓（戡）氒（厥）敵（敵）。」公曰：「天子，三公，我亦走（上）下卑（辟）于文武之受【一二】命，坣（廣）㝬（戡）方邦，不（丕）隹（惟）周之蒡（旁），不（丕）隹（惟）句（后）禝（稷）之受命是羕（永）㫗（厚）。隹（惟）我逡（後）嗣，方𢎺（建）宗子，不（丕）【一三】隹（惟）周之㫗（厚）荓（屏）。於（嗚）虎（呼），天子，藍（監）于顕（夏）商之既敗（敗），不（丕）則亡遺逡（後），至于萬𠦃〓（億）年〓，參舒（敘）之。【一四】既沁，乃又（有）頗（履）宗，不（丕）隹（惟）文武之由。」公曰：「於（嗚）虎（呼），天子，不（丕）則䖒（寅）言孳（哉）。女（汝）母（毋）以戾孳（茲）辠𧈎（辜）【一五】芒（喪）寺（時）𡟫（遠）大邦，女（汝）母（毋）以俾（嬖）御（御）息（塞）尔（爾）臧（莊）句（后），女（汝）母（毋）以少（小）悬（謀）敗大慮（作），女（汝）母（毋）以俾（嬖）士息（塞）夫〓（大夫）卿李（士），女（汝）【一六】母（毋）各豪（家）相而室，肰（然）莫血（恤）亓（其）外。亓（其）皆自寺（時）审（中）𡢃（乂）萬邦。」公曰：「於（嗚）虎（呼），天子，三公，女（汝）念孳（哉）。【一七】女（汝）母（毋）緄（眩）㪟（瞑）㥯〓，㫗（厚）庬（顏）忍恥，寺（時）隹（惟）大不弔（淑）孳（哉）。」曰：「三公，尃（敷）求先王之共（恭）明悳（德）；型（刑）四方，【一八】克审（中）尔（爾）罰。昔才（在）先王，我亦不以我辟窾（陷）于𧷸（難），弗逵（失）于政，我亦隹（惟）以没我殜（世）。」公【一九】曰：「天子，參（三）公，余隹（惟）弗迟（起）朕（朕）疾，女（汝）亓（其）敬孳〓（哉）。兹（茲）皆缶（保）舍（余）一人，康□之；孚（孽）伓（服）之，肰（然）母（毋）夕□，【二〇】維我周又（有）祟（常）型（刑）。」王拜韻〓（稽首），𢖶（譽）言，乃出。

𩠈（祭）公之賜（顧）命【二一】

楚居

【釋文】

季繲（連）初降於郻山，氐（抵）于空（穴）竆（窮）。遊（前）出于喬山，厇（宅）凥（處）爰波。逆上洲水，見盤庚之子，凥（處）于方山，女曰比（妣）隹，秉兹衒（率）【一】相，詈冑四方。季繲（連）䎽（聞）亓（其）又（有）嘚（聘），從，及之盤（泮），爰生絽白（伯）、遠中（仲）。㳅（游）裳（徜）羊（徉），先凥（處）于京宗。穴酓迖（遲）遷（徙）於京宗，爰旻（得）【二】妣毆，逆流哉（載）水，氒（厥）脜（狀）聑（聶）耳，乃妻之，生侸弔（叔）、麗季。麗不從行，渭（潰）自䏌（脅）出，妣毆賓于天，晉（巫）戓（咸）賅（該）亓（其）䏌（脅）以楚，氐（抵）【三】今曰楚人。至酓恇（狂）亦居京宗。至酓罼與屈紃（紃），思（使）若（鄀）莽（嗌）卜遷（徙）於𡗝宅，爲枝室＝（室，室）既成，無以内之，乃𥨶（竊）若（鄀）人之犝（犝）以【四】祭。愳（懼）亓（其）宔（主），夜而内𡰪（尸），氐（抵）今曰𥛱＝（𥛱，𥛱）朼（必）夜。至酓只、酓舡、酓蕿（樊）及酓賜、酓追，聿（盡）居𡗝宅。酓追遷（徙）居發漸。至酓朔、酓【五】摰（摯）居發漸。酓摰（摯）遷（徙）居旁岍。至酓縉（延）自旁岍遷（徙）居喬多。至酓甬（勇）及酓嚴、酓相（霜）及酓霝（雪）及酓訓（徇）、酓咢及若囂（敖）酓義（儀），皆居喬多。若囂（敖）酓【六】義（儀）遷（徙）居箬（鄀）。至焚冒酓帥（率）自箬（鄀）遷（徙）居焚。至宵囂（敖）酓鹿自焚遷（徙）居宵。至武王酓鼶自宵遷（徙）居免，女（焉）訂（始）□□□□【七】福。衆不容於免，乃渭（潰）疆浧之波（陂）而宇人女（焉），氐（抵）今曰郢。至文王自疆浧遷（徙）居湫＝郢＝（湫郢，湫郢）遷（徙）居蕿＝郢＝（樊郢，樊郢）遷（徙）居爲＝郢＝（爲郢，爲郢）𨑕（復）【八】遷（徙）居免郢，女（焉）改名之曰福丘。至臯（堵）囂（敖）自福丘遷（徙）衮（襲）箬（鄀）郢。至成王自箬（鄀）郢遷（徙）衮（襲）湫＝涅＝（沈涅，沈涅）遷（徙）□□□□【九】居睽（睽）郢。至穆王自睽（睽）郢遷（徙）衮（襲）爲郢。至臧（莊）王遷（徙）衮（襲）蕿＝郢＝（樊郢，樊郢）遷（徙）居同宮之北。若嚻（敖）记（起）禍，女＝（焉）遷（徙）居承＝之＝埜＝（蒸之野，蒸之野）□□□，□【一〇】衮（襲）爲郢。至龏（共）王、康王、乳＝（孺子）王皆居爲郢。至霝（靈）王自爲郢遷（徙）居秦（乾）溪之上，以爲凥（處）於章［華之臺］。【一一】競（景）坪（平）王即立（位），猷居秦（乾）溪之上。至卲（昭）王自秦（乾）溪之上遷（徙）居⿰女⿱山儿＝郢＝（媺郢，媺郢）遷（徙）居鶚＝郢＝（鄂郢，鄂郢）遷（徙）衮（襲）爲郢。盍（闔）虜（廬）内（入）郢，女＝（焉）復（復）【一二】遷（徙）居秦＝溪＝之＝上＝（乾溪之上，乾溪之上）復（復）遷（徙）衮（襲）⿰女⿱山儿（媺）郢。至獻惠王自⿰女⿱山儿（媺）郢遷（徙）衮（襲）爲郢。白公记（起）禍，女＝（焉）遷（徙）衮（襲）湫（沈）郢，改爲之女＝（焉）曰肥【一三】遺，以爲凥（處）於⿴囗去＝澫＝（⿴囗去澫，⿴囗去澫）遷（徙）居⿰女阝＝郢＝（鄢郢，鄢郢）遷（徙）居⿰哥阝吁。王大（太）子以邦復（復）於湫郢，王自⿰哥阝吁遷（徙）郗（蔡），王大（太）子自湫（沈）郢【一四】遷（徙）居疆郢。王自郗（蔡）復（復）⿰女阝（鄢）。柬大王自疆郢遷（徙）居藍＝郢＝（藍郢，藍郢）遷（徙）居鄘＝郢＝（鄘郢，鄘郢）復（復）於⿰虘阝（⿰虘阝），王大（太）子以邦居鄘（鄘）郢，以爲凥（處）於【一五】鄝郢。至⿱召心（悼）折（哲）王猷居鄘（鄘）郢。⿱宀中（中）豁（謝）记（起）禍，女＝（焉）遷（徙）衮（襲）肥遺。邦大瘠（瘠），女＝（焉）遷（徙）居鄩郢。【一六】

繫年（第一章）

【釋文】

昔周武王監觀商王之不龏（恭）帝=（上帝），禋祀不寘（寅），乃乍（作）帝钕（籍），以𤼷（登）祀帝=（上帝）天神，名之曰【一】千畮（畝），以克反商邑，尃（敷）政天下。𦤶=（至于）柬=王=（厲王，厲王）大瘧（虐）于周，卿李（士）、者（諸）正、萬民弗刃（忍）于氒（厥）心，【二】乃歸柬（厲）王于敵（彘），龍（共）白（伯）和立。十又四年，柬（厲）王生洹=王=（宣王，宣王）即立（位），龏（共）白（伯）和歸于宋〈宗〉。洹（宣）【三】王是𠫑（始）弃（棄）帝钕（籍）弗畋（田），立卅=（三十）又九年，戎乃大敗周𠂤（師）于千畮（畝）。【四】

繫年（第二章）

【釋文】

周幽王取妻于西繡（申），生坪（平）王〓（王。王）或敀（取）孚（褒）人之女，是孚（褒）台（姒），生白（伯）盤。孚（褒）台（姒）辟（嬖）于王〓（王，王）【五】與白（伯）盤迖（逐）坪〓王〓（平王，平王）走西繡（申）。幽王起𠂤（師），回（圍）坪（平）王于西繡〓（申，申）人弗敚（畀），曾（繒）人乃降西戎，以【六】攻幽〓王〓（幽王，幽王）及白（伯）盤乃滅，周乃亡。邦君者（諸）正乃立幽王之弟舍（余）臣于鄉（虢），是嚻（攜）惠王。【七】立廿〓（二十）又一年，晉文侯戲（仇）乃殺惠王于鄉（虢）。周亡王九年，邦君者（諸）侯女（焉）訂（始）不朝于周，【八】晉文侯乃逆坪（平）王于少鄂，立之于京𠂤（師）。三年，乃東遷（徙），止于成周，晉人女（焉）訂（始）啟【九】于京𠂤（師），奠（鄭）武公亦政（正）東方之者（諸）侯。武公即殜（世），臧（莊）公即立（位）；臧（莊）公即殜（世），卲（昭）公即立（位）。【一〇】亓（其）大〓（大夫）高之巨（渠）爾（彌）殺卲（昭）公而立亓（其）弟子釁（眉）壽。齊襄公會者（諸）侯于首㱏（止），殺子【一一】釁（眉）壽，車斁（轘）高之巨（渠）爾（彌），改立東（厲）公，奠（鄭）以訂（始）政（正）。楚文王以啟于灘（漢）旟（陽）。【一二】

繫年（第三章）

【釋文】

周武王既克𩁹（殷），乃埶（設）三監于殷。武王陟，商邑興反，殺三監而立彔子耿。成【一三】王屎伐商邑，殺彔子耿，飛曆（廉）東逃于商盍（蓋）氏，成王伐商盍（蓋），殺飛曆（廉），西遷（遷）商【一四】盍（蓋）之民于邾虘，以御奴虘之戎，是秦先〓（之先），殜（世）乍（作）周𢦏（衛）。周室卽（既）𢌱（卑），坪（平）王東遷（遷），止于成【一五】周，秦中（仲）女〓（焉）東居周地，以獸（守）周之𡐓（墳）𦵯（墓），秦以㫖（始）大。【一六】

繫年（第四章）

【釋文】

周成王、周公既䙴（遷）殷民于洛邑，乃㠯（追）悆（念）顕（夏）商之亡由，方（旁）埶（設）出宗子，以乍（作）周厚【一七】㛹（屏），乃先建衛（衛）弔（叔）玤（封）于庚（康）丘，以侯殷之𠍗（餘）民。衛（衛）人自庚（康）丘䙴（遷）于沂（淇）衛（衛）。周惠王立十【一八】又七年，赤鄱（翟）王峁虘记（起）㠯（師）伐衛（衛），大敗衛（衛）㠯（師）於睘，幽侯滅女（焉）。翟述（遂）居衛＝（衛，衛）人乃東涉【一九】河，䙴（遷）于曹，［女（焉）］立悳（戴）公申，公子啟方奔齊。戴（戴）公卒（卒），齊逗（桓）公會者（諸）侯以成（城）楚丘，邦【二〇】公子啟方女（焉），是文＝公＝（文公。文公）卽殜（世），成公卽立（位）。翟人或涉河，伐衛于楚丘，衛人自楚丘【二一】䙴（遷）于帝丘。【二二】

繫　年（第五章）

【釋　文】

鄐（蔡）哀侯取妻於陳，賽（息）〔=〕侯亦取妻於陳，是賽=爲=（息嬀。息嬀）牐（將）歸于賽（息），𨑒（過）鄐=（蔡，蔡）哀侯命𨑊=（止之），【二三】曰：「以同生（姓）之古（故），必內（入）。」賽（息）爲（嬀）乃內（入）于鄐=（蔡，蔡）哀侯妻之。賽（息）侯弗訓（順），乃史（使）人于楚文王【二四】曰：「君䓯（來）伐我=（我，我）牐（將）求𢦏（救）於鄐（蔡），君女（焉）敗之。」文王记（起）旨（師）伐賽=（息，息）侯求𢦏（救）於鄐=（蔡，蔡）哀侯衒（率）帀（師）【二五】以𢦏（救）賽（息），文王敗之於新（莘），臒（獲）哀侯以歸。文王爲客於賽（息），鄐（蔡）侯與從，賽（息）侯以文【二六】王歈=（飲酒），鄐（蔡）侯智（知）賽（息）侯之誘㠯（己）也，亦告文王曰：「賽（息）侯之妻甚㛧（美），君必命見之。」文【二七】王命見之，賽（息）侯訇（辭），王固命見之。既見之，還。昷（明）戠（歲），起旨（師）伐賽（息），克之，殺賽（息）侯，取【二八】賽（息）爲（嬀）以歸，是生𡉚（堵）囂（敖）及成王。文王以北啟出方成（城），圾𦳝於汝，改遊（旅）於陳，女（焉）【二九】取邨（頓）以贛（恐）陳侯。【三〇】

繫　年（第六章）

【釋　文】

晉獻公之婢妾曰驪姬，欲亓（其）子勬（奚）資（齊）之爲君也，乃譖（讒）大子龍（共）君而殺之，或（又）譖（讒）【三一】惠公及文＝公＝（文公。文公）奔翟（狄），惠公奔于梁。獻公𤿀（卒），乃立勬（奚）資（齊）。亓（其）夫＝（大夫）里之克乃殺勬（奚）資（齊），【三二】而立亓（其）弟悼子，里之克或（又）殺悼子。秦穆公乃内（入）惠公于晉，惠公賂秦公曰：「我【三三】句（苟）果内（入），囟（使）君涉河，至于梁城。」惠公既内（入），乃偝（背）秦公弗㚒（予）。立六年，秦公銜（率）𠂤（師）与（與）【三四】惠公戩（戰）于𠦪（韓），戠（止）惠公以歸。惠公女＝（焉）以亓（其）子褱（懷）公爲執（質）于秦＝（秦，秦）穆公以亓（其）子妻之。【三五】文公十又二年居翟＝（狄，狄）甚善之，而弗能内（入）；乃迈（適）齊＝（齊，齊）人善之；迈（適）宋＝（宋，宋）人善之，亦莫【三六】之能内（入）；乃迈（適）衛＝（衛，衛）人弗善；迈（適）奠＝（鄭，鄭）人弗善；乃迈（適）楚。褱（懷）公自秦逃歸，秦穆公乃訋（召）【三七】文公於楚，囟（使）衮（襲）褱（懷）公之室。晉惠公𤿀（卒），褱（懷）公即立（位）。秦人记（起）𠂤（師）以内文公于晉＝（晉。晉）人殺【三八】褱（懷）公而立文公，秦晉女＝（焉）刣（始）會好，穆（戮）力同心。二邦伐緒（鄀），遷（徙）之审（中）城，回（圍）商𥧌（密），戠（止）【三九】緟（申）公子義（儀）以歸。【四〇】

繫年（第七章）

【釋文】

晉文公立四年，楚成王銜（率）者（諸）侯以回（圍）宋伐齊，戍穀（穀），居鑢。晉文公囟（思）齊及宋之【四一】悳（德），乃及秦自（師）回（圍）曹及五麋（鹿），伐衞（衛）以敓（脱）齊之戍及宋之回（圍）。楚王豫（舍）回（圍）歸，居方城。【四二】命（令）尹子玉述（遂）銜（率）奠（鄭）、衞（衛）、陳、鄒（蔡）及羣緣（蠻）尸（夷）之自（師）以交文＝公＝（文公。文公）銜（率）秦、齊、宋及羣戎【四三】之自（師）以敗楚自（師）於城僕（濮），述（遂）朝周襄王于衡灘（雍），獻楚俘馘，累（盟）者（諸）侯於堞（踐）土。【四四】

繫年（第八章）

【釋文】

晉文公立七年，秦、晉回（圍）奠〓（鄭，鄭）降秦不降晉〓（晉，晉）人以不憖。秦人豫（舍）戍於奠〓（鄭，鄭）人致（屬）北門之筦（管）於秦〓之〓【四五】戍〓人〓（秦之戍人，秦之戍人）史（使）人歸（歸）告曰：「我既旻（得）奠（鄭）之門筦（管）巳（已），逨（來）竈（襲）之。」秦自（師）酒（將）東竈（襲）奠〓（鄭，鄭）之賈人弦高酒（將）西【四六】市，遇之，乃以奠（鄭）君之命裳（勞）秦三衛（帥），秦𠂤（師）乃復（復），伐顝（滑），取之。晉文公卒（卒），未𣨟（葬），襄公新（親）【四七】衛（率）自（師）御（禦）秦自（師）于嶬（崤），大敗之。秦穆公欲與楚人為好，女（焉）縈（脱）繡（申）公義（儀），囟（使）歸（歸）求成。秦女（焉）【四八】旬（始）與晉執（執）（亂），与（與）楚為好。【四九】

繫　年（第九章）

【釋　文】

晉襄公𡙜（卒），靁（靈）公高幼，夫＝（大夫）聚⿱母口（謀）曰：「君幼，未可奉承也，母（毋）乃不能邦，猷求⿰弓巫（强）君。」乃命【五〇】右（左）行⿸疒蔑（蔑）与（與）⿰阝叕（隨）會卲（召）襄公之弟癕（雍）也于秦。襄而〈夫〉人⿱䍃言（聞）之，乃⿰亻缶（抱）靁（靈）公以⿸虍号（號）于廷曰：「死人可（何）辠（罪）？【五一】生人可（何）⿰黑古（辜）？豫（舍）亓（其）君之子弗立，而卲（召）人于外，而女（焉）⿰爿酉（將）宜（寘）此子也？」夫＝（大夫）悸（閔），乃⿸虍皆（皆）北（背）之曰：「我莫命卲（召）【五二】之。」乃立靁（靈）公，女（焉）⿴囗死（葬）襄公。【五三】

繫　年（第十章）

【釋　文】

秦康公衒（率）𠂤（師）以𨒪（送）雝（雍）子，晉人记（起）𠂤（師），敗之于䔲（堇）侌（陰）。右（左）行䕶（蔑）、陞（隨）會不敢歸（歸），述（遂）【五四】奔秦。霝（靈）公高立六年，秦公以戰（戰）于䔲（堇）侌（陰）之古（故），衒（率）𠂤（師）爲河凸（曲）之戰（戰）。【五五】

繫年（第十一章）

【釋文】

楚穆王立八年，王會者（諸）侯于发（厥）□（貉），牆（將）以伐宋=（宋。宋）右帀（師）芋（華）孫兀（元）欲褮（勞）楚帀（師），乃行，【五六】穆王思（使）毆（驅）睪（孟）者（諸）之麋，□（徒）之徒萅。宋公爲右（左）芋（盂），奠（鄭）白（伯）爲右芋（盂），繡（申）公弔（叔）侯智（知）之，宋【五七】公之車募（暮）韋（駕），用兂（抶）宋公之駿（御）。穆王卽殜（世），臧（莊）王卽立（位），史（使）孫（申）白（伯）亡（無）愄（畏）嗙（聘）于齊，叚（假）逄（路）【五八】於宋=（宋，宋）人是古（故）殺孫（申）白（伯）亡（無）愄（畏），敓（奪）亓（其）玉帛。臧（莊）王衒（率）自（師）回（圍）宋九月，宋人女（焉）爲成，以女子【五九】與兵車百韋（乘），以芋（華）孫兀（元）爲敎（質）。【六〇】

繫　年（第十二章）

【釋　文】

楚臧（莊）王立十又四年，王會者（諸）侯于䔍（厲），奠（鄭）成公自䔍（厲）逃歸，臧（莊）王述（遂）加奠（鄭）亂（亂）。晉成【六一】公會者（諸）侯以救（救）奠（鄭），楚𠂤（師）未還，晉成公卒（卒）于扈。【六二】

繫年（第十三章）

【釋文】

……［⿰爿咸（莊）］王回（圍）奠（鄭）三月，奠（鄭）人爲成。晉中行林父衒（率）𠂤（師）栽（救）奠（鄭），⿰爿咸（莊）王述（遂）北【六三】……［楚］人明（盟）。邚（趙）⿱罒吾（旃）不欲成，弗卲（召），⿰弓夬（射）于楚軍之門，楚人【六四】被⿱加車（駕）以𠂤（追）之，述（遂）敗晉𠂤（師）于河……【六五】

繫年（第十四章）

【釋文】

晉競（景）公立八年，陊（隨）會衒（率）𠂤（師），會者（諸）侯于𢇍（斷）道，公命郇（駒）之克先嗚（聘）于齊，𠭯（且）卲（召）高之固曰：【六六】「今萅（春）亓（其）會者（諸）侯，子亓（其）與臨之。」齊回（頃）公囟（使）亓（其）女子自房审（中）觀郇=之=克=（駒之克，駒之克）牆（將）受齊侯【六七】㡀（幣），女子芺（笑）于房审（中），郇（駒）之克隆（降）堂而折（誓）曰：「所不逌（復）頓（詢）於齊，母（毋）能涉白水。」乃先【六八】歸（歸），還（須）者（諸）侯于𢇍（斷）𨗥（道）。高之固至莆池，乃逃歸（歸）。齊三辟（嬖）夫=（大夫）南亭（郭）子、郄（蔡）子、安（晏）子衒（率）𠂤（師）以【六九】會于𢇍（斷）𨗥（道）。既會者（諸）侯，郇（駒）之克乃教（執）南亭（郭）子、郄（蔡）子、安（晏）子以歸（歸）。齊回（頃）公回（圍）魯=（魯，魯）𦀚（臧）孫譽（許）迈（適）【七〇】晉求𢽽（援）。郇（駒）之克衒（率）𠂤（師）栽（救）魯，敗齊𠂤（師）于䕞（靡）幵（笄）。齊人爲成，以𩿈骼、玉笅（爵）與𦎫（淳）于之【七一】田。昷（明）𢧵（歲），齊回（頃）公朝于晉競（景）公，郇（駒）之克走𢽽（援）齊侯之繻（帶），獻之競（景）公，曰：「齊侯之𡴜（來）也，【七二】老夫之力也。」【七三】

繫年（第十五章）

【釋文】

楚臧（莊）王立，吴人服于楚。陳公子諻（徵）郐（舒）取妻于奠（鄭）穆公，是少孔。臧（莊）王立十又五年，【七四】陳公子諻（徵）余（舒）殺亓（其）君靁（靈）公，臧（莊）王衒（率）𠂤（師）回（圍）陳。王命繡（申）公屈晉（巫）迈（適）秦求𠂤（師），𣌭（得）𠂤（師）以【七五】逨（來）。王内（入）陳，殺豈（徵）余（舒），取亓（其）室以夌（予）繡（申）公。連尹襄老與之爭，敓（奪）之少孔。連尹𢦏（止）於河【七六】澭，亓（其）子墨（黑）要也或（又）室少孔。臧（莊）王即殜（世），龏（共）王即立（位）。墨（黑）要也死，司馬子反與繡（申）【七七】公爭少孔，繡（申）公曰：「氏（是）余受妻也。」取以爲妻。司馬不訓（順）繡（申）公。王命繡（申）公㖷（聘）於齊，繡（申）【七八】公𢿢（竊）載少孔以行，自齊述（遂）逃迈（適）晉，自晉迈（適）吴，𡚬（焉）𤔲（始）迵（通）吴晉之逄（路），教吴人反楚。【七九】以至靁=王=（靈王，靈王）伐吴，爲南深（懷）之行，執吴王子鱥（蹶）繇（由），吴人𡚬（焉）或（又）服於楚。靁（靈）王即殜（世），【八〇】競（景）坪（平）王即立（位）。少帀（師）亡（無）亟（極）讒（讒）連尹頟（奢）而殺之，亓（其）子五（伍）員與五（伍）之雞逃歸（歸）吴。五（伍）雞逹（將）【八一】吴人以回（圍）州逨（來），爲長瀫（壑）而涇（洍）之，以敗楚𠂤（師），是雞父之涇（洍）。競（景）坪（平）王即殜（世），卲（昭）王即【八二】立（位）。五（伍）員爲吴大𡨄（宰），是教吴人反楚邦之者（諸）侯，以敗楚𠂤（師）于白（柏）𦥯（舉），述（遂）内（入）郢。卲（昭）王歸（歸）【八三】隓（隨），與吴人戰（戰）于析。吴王子唇（晨）𤖵（將）记（起）禍（禍）於吴=（吴，吴）王盍（闔）虜（盧）乃歸（歸），卲（昭）王𡚬（焉）復（復）邦。【八四】

繫年(第十六章)

【釋文】

楚龍(共)王立七年，命(令)尹子褈(重)伐奠(鄭)，爲沬(氾)之𠂤(師)。晉競(景)公會者(諸)侯以救(救)鄭=(鄭，鄭)人戠(止)芸(鄖)公義(儀)，獻【八五】者(諸)競=公=(景公，景公)以歸(歸)。一年，競(景)公欲與楚人爲好，乃敓(脱)芸(鄖)公，囟(使)歸(歸)求成。龍(共)王史(使)芸(鄖)公聘(聘)於【八六】晉，旻(且)許成。競(景)公史(使)翟(糴)之伐(茷)聘(聘)於楚，虘(且)攸(修)成，未還，競(景)公卒(卒)，柬(厲)公卽立(位)。龏(共)王史(使)王【八七】子唇(辰)聘(聘)於晉，或(又)攸(修)成，王或(又)史(使)宋右帀(師)芋(華)孫兀(元)行晉楚之成。昷(明)戠(歲)，楚王子波(罷)會晉文【八八】子燮(燮)及者(諸)侯之夫=(大夫)明(盟)於宋，曰：「爾(弭)天下之甲(甲)兵。」昷(明)戠(歲)，柬(厲)公先起兵，衒(率)𠂤(師)會者(諸)侯以伐【八九】秦，至=(至于)涇。龏(共)王亦衒(率)𠂤(師)回(圍)奠(鄭)，柬(厲)公救(救)奠(鄭)，敗楚𠂤(師)於隁(鄢)。柬(厲)公亦見禍(禍)以死，亡逡(後)。【九〇】

繫年（第十七章）

【釋文】

晉臧（莊）坪（平）公卽立（位）兀（元）年，公會者（諸）侯於瞁（湨）梁，述（遂）以䙴（遷）䛐（許）於鄴（葉）而不果。𠂤（師）造於方城，齊高厚【九一】自𠂤（師）逃歸（歸）。坪（平）公衒（率）𠂤（師）會者（諸）侯，爲坪（平）侌（陰）之𠂤（師）以回（圍）齊，焚亓（其）四𩫏（郭），敺（驅）車𦤶（至于）東𣫭（海）。坪（平）公【九二】立五年，晉𤔔（亂），繺（欒）綎（盈）出奔齊=（齊，齊）臧（莊）公光衒（率）𠂤（師）以逐繺=綎=（欒盈。欒盈）襄（襲）巷（絳）而不果，奔內（入）於凸（曲）夭（沃）。齊【九三】臧（莊）公涉河襄（襲）朝訶（歌），以復（復）坪（平）侌（陰）之𠂤（師）。晉人既殺繺（欒）綎（盈）于凸（曲）夭（沃），坪（平）公衒（率）𠂤（師）會者（諸）侯，伐齊，【九四】以復（復）朝訶（歌）之𠂤（師）。齊蓑（崔）芧（杼）殺亓（其）君臧（莊）公，以爲成於晉。【九五】

繫年（第十八章）

【釋文】

晉臧（莊）坪（平）公立十又二年，楚康王立十又四年，命（令）尹子木會邚（趙）文子武及者（諸）侯之夫=（大夫），明（盟）【九六】于宋，曰：「爾（弭）天下之䡅（甲）兵。」康王即殜（世），乳=（孺子）王即立（位）。霝（靈）王爲命=尹=（令尹。令尹）會邚（趙）文子及者（諸）侯之夫=（大夫），明（盟）于【九七】鄜（虢）。乳=（孺子）王即殜（世），霝（靈）王即立（位）。霝（靈）王先起兵，會者（諸）侯于繡（申），埶（執）郐（徐）公，述（遂）以伐郐（徐），克邁（賴）、邾（朱）邡（方），伐吳，【九八】爲南深（懷）之行，閷（縣）陳、鄒（蔡），殺鄒（蔡）霝（靈）侯。霝（靈）王見禍（禍），競（景）坪（平）王即立（位）。晉臧（莊）坪（平）公即殜（世），卲（昭）公、同（頃）公膚（皆）【九九】㬎（早）殜（世），柬（簡）公即立（位）。競（景）坪（平）王即殜（世），卲（昭）王即立（位）。鄦（許）人亂（亂），鄦（許）公㫐出奔晉=（晉，晉）人羅，城汝昜（陽），居【一〇〇】鄦（許）公㫐於頌（容）城。晉與吳會爲一，以伐楚，閔方城。述（遂）明（盟）者（諸）侯於聖（召）陵，伐中山。晉自（師）大疫【一〇一】虘（且）飢，飤（食）人。楚卲（昭）王戩（侵）洢（伊）、洛以復（復）方城之自（師）。晉人曼（且）又（有）軋（范）氏与（與）中行氏之禍（禍），七戢（歲）不解䡅（甲）。【一〇二】者（諸）侯同盟（盟）于鹹泉以反晉，至今齊人以不服于晉=（晉，晉）公以仢（弱）。【一〇三】

繫 年（第十九章）

【釋 文】

楚霝（靈）王立，既闕（縣）陳、鄒（蔡），競（景）坪（平）王即立（位），改邦陳、鄒（蔡）之君，囟（使）各𨑥（復）亓（其）邦。競（景）坪（平）王即殜（世），卲（昭）【一〇四】［王］即立（位），陳、鄒（蔡）、𤞷（胡）反楚，與吳人伐楚。秦異公命子甫（蒲）、子虎衒（率）𠂤（師）栽（救）楚，與楚𠂤（師）會伐陽（唐），闕（縣）之。【一〇五】卲（昭）王既𨑥（復）邦，女（焉）克𤞷（胡）回（圍）鄒（蔡）。卲（昭）王即殜（世），獻惠王立十又一年，鄒（蔡）卲（昭）侯纏（申）懼，自歸（歸）於吳＝（吳，吳）縵（洩）用（庸）【一〇六】以𠂤（師）逆鄒（蔡）卲（昭）侯，居于州𡍮（來），是下鄒（蔡）。楚人女（焉）闕（縣）鄒（蔡）。【一〇七】

繫　年（第二十章）

【釋　文】

晉競（景）公立十又五年，繡（申）公屈晉（巫）自晉迈（適）吴，女（焉）刣（始）迥（通）吴晉之逄（路），二邦爲好，以至晉悼=公=（悼公。悼公）【一〇八】立十又一年，公會者（諸）侯，以與吴王䍃（壽）夢相見于鄬（虢）。晉柬（簡）公立五年，與吴王盍（闔）虜（盧）伐【一〇九】楚。盍（闔）虜（盧）卽殜（世），夫秦（差）王卽立（位）。晉柬（簡）公會者（諸）侯，以與夫秦（差）王相見于黄池。戉（越）公句戔（踐）克【一一〇】吴，戉（越）人因衺（襲）吴之與晉爲好。晉敬公立十又一年，灼（趙）趄（桓）子會［諸］侯之夫=（大夫），以與戉（越）命（令）尹宋䀉（盟）于【一一一】邧，述（遂）以伐齊=（齊，齊）人女（焉）刣（始）爲長城於濟，自南山逗（屬）之北海（海）。晉幽公立四年，灼（趙）狗衒（率）自（師）與戉（越）【一一二】公株（朱）句伐齊，晉自（師）閔長城句俞之門。戉（越）公、宋公敗齊自（師）于襄坪（平）。至今晉、戉（越）以爲好。【一一三】

繫年（第二十一章）

【釋文】

楚柬（簡）大王立七年，宋悼公朝于楚，告以宋司城坡之約（弱）公室。王命莫囂（敖）昜爲衒（率）【一一四】自（師）以定公室，城黄池，城雝（雍）丘。晉嵬（魏）畁（斯）、灼（趙）关（浣）、軓（韓）啟章衒（率）自（師）回（圍）黄池，𨗨迵而歸之【一一五】於楚。二年，王命莫囂（敖）昜爲衒（率）自（師）戩（侵）晉，敓（奪）宜昜（陽），回（圍）赤澭（岸），以復（復）黄池之自（師）。嵬（魏）畁（斯）、灼（趙）关（浣）、軓（韓）啟【一一六】章衒（率）自（師）救（救）赤壧（岸），楚人豫（舍）回（圍）而還，與晉自（師）戰（戰）於長城。楚自（師）亡工（功），多𠫓（棄）幝（旃）莫（幕），肖（宵）𠩺（遯）。楚以【一一七】與晉固爲肙（怨）。【一一八】

繫　年（第二十二章）

【釋　文】

楚聖（聲）𧻚（桓）王卽立（位），兀（元）年，晉公止會者（諸）侯於邘（任），宋殬（悼）公牆（將）會晉公，卒（卒）于鬷。𠦝（韓）虔、灼（趙）蘆（籍）、嵬（魏）【一一九】繫（擊）衍（率）𠂤（師）與戉（越）公殹（翳）伐齊=（齊，齊）與戉（越）成，以建昜（陽）、邸（渠）陵之田，旻（且）男女服。戉（越）公與齊侯貣（貸）、魯侯侃（衍）【一二〇】明（盟）于魯稷門之外。戉（越）公內（入）亯（饗）於魯=（魯，魯）侯駿（御），齊侯晶（參）𩦑（乘）以內（入）。晉嵬（魏）文侯畀（斯）從晉=𠂤=（晉師，晉師）大戝（敗）【一二一】齊𠂤（師），齊𠂤（師）北，晉𠂤（師）迖（逐）之，內（入）至汧水，齊人旻（且）又（有）陳塵（頸）子牛之褙（禍），齊與晉成，齊侯【一二二】明（盟）於晉軍。晉三子之夫=（大夫）內（入）齊，明（盟）陳和與陳淏於溋門之外，曰：「母（毋）攸（修）長城，母（毋）伐𢊁（廩）【一二三】丘。」晉公獻齊俘馘於周王，述（遂）以齊侯貣（貸）、魯侯羴（顯）、宋公畋（田）、衛侯虔、奠（鄭）白（伯）紿（駘）朝【一二四】周王于周。【一二五】

繫年（第二十三章）

【釋　文】

楚聖（聲）𧻚（桓）王立四年，宋公畋（田）、奠（鄭）白（伯）紿（駘）皆朝于楚。王衍（率）宋公以城𣗳（榆）閘（關），是（寘）武𣴎（陽）。秦人【一二六】敗晉自（師）於茖（洛）侌（陰），以爲楚斁（援）。聖（聲）王即殜（世），卯（悼）折（哲）王即立（位）。奠（鄭）人䤬（侵）倖（榆）閘（關），𣴎（陽）城洹（桓）恶（定）君衍（率）【一二七】𠦪（榆）閘（關）之自（師）與上或（國）之自（師）以洨（交）之，與之戰（戰）於珪（桂）陵，楚自（師）亡工（功）。競（景）之賈與䤈（舒）子共戢（止）而死。𣅀（明）【一二八】戢（歲），晉𨿅余衍（率）晉自（師）與奠（鄭）自（師）以內（入）王子定。遮（魯）昜公衍（率）自（師）以洨（交）晉₌人₌（晉人，晉人）還，不果內（入）王子。𣅀（明）戢（歲），【一二九】郎臧（莊）坪（平）君衍（率）自（師）䤬（侵）奠₌（鄭，鄭）皇子₌（子、子）馬、子池、子垟（封）子衍（率）自（師）以洨（交）楚₌人₌（楚人，楚人）涉氾（氾），𤖨（將）與之戰（戰），奠（鄭）自（師）逃【一三〇】內（入）於蔑。楚自（師）回（圍）之於鄭（蔑），𦘔（盡）逾（降）奠（鄭）自（師）與亓（其）四𤖨（將）軍，以歸（歸）於郢，奠（鄭）大𡩜（宰）忻（欣）亦记（起）禍（禍）於【一三一】奠₌（鄭，鄭）子𣴎（陽）用滅，亡逡（後）於奠（鄭）。𣅀（明）戢（歲），楚人歸（歸）奠（鄭）之四𤖨（將）軍與亓（其）萬民於奠（鄭）。晉人回（圍）津（津）、長陵，【一三二】克之。王命坪（平）亦（夜）悼武君衍（率）自（師）䤬（侵）晉，逾（降）䣊（部），戢（止）郱公，涉澗（澗）以歸（歸），以逡（復）長陵之自（師）。厭（厭）年，𩏂（韓）【一三三】緅（取）、䰞（魏）繫（擊）衍（率）自（師）回（圍）武𣴎（陽），以逡（復）䣊（部）之自（師）。遮（魯）昜公衍（率）自（師）栽（救）武昜（陽），與晉自（師）戰（戰）於武昜

（陽）之城【一三四】下，楚𠂤（師）大敗，遴（魯）昜（陽）公、坪（平）亦（夜）悼（悼）武君、昜（陽）城洹（桓）恶（定）君，三執珪之君與右尹卲（昭）之迟（竢）死女（焉），楚人𦘔（盡）云（弃）亓（其）【一三五】幃（旃）、幕、車、兵，犬達（逸）而還。陳人女（焉）反，而内（入）王子定於陳，楚邦以多亡城。楚𠂤（師）牆（將）栽（救）武昜（陽），【一三六】王命坪（平）亦（夜）悼武君李（使）人於齊陳淏求𠂤（師）。陳疾目衒（率）車千韲（乘），以從楚𠂤（師）於武昜（陽）。甲戌，晉楚以【一三七】戰（戰）。丙（丙）子，齊𠂤（師）至嵒，述（遂）還。【一三八】

說命（上）

【釋文】

隹（惟）殹（殷）王賜敓（說）于天，甬（庸）爲遳（失）宎（仲）史（使）人。王命氒（厥）百攻（工）向，以貨旬（徇）求敓（說）于邑人。隹（惟）弜（弼）人【一】旻（得）敓（說）于尃（傅）厰（巖），氒（厥）卑（俾）纆（繃）弓，紳（引）弹（闕）辟矢。敓（說）方笙（築）盛（城），縢隆（降）重（庸）力，氒（厥）敓（說）之盾（狀），鵑（腕）【二】肩女（如）惟（椎）。王廼餘（訊）敓（說）曰：「帝殹（抑）尔以畀舍（余），殹（抑）非？」敓（說）廼曰：「隹（惟）帝以余畀尔＝（尔，尔）右（左）執朕袂，尔右【三】頴＝（稽首）。」王曰：「旦（亶）肰（然）。」天廼命敓（說）伐遳＝宎＝（失仲。」失仲是生子，生二戊（牡）豕。遳（失）宎（仲）卜曰：「我亓（其）殺之」，「我亓（其）【四】已，勿＝殺＝（勿殺」。勿殺）是吉。遳（失）宎（仲）悳（違）卜，乃殺一豕。敓（說）于韋（圍）伐遳（失）宎（仲），一豕乃觀（旋）保以遺（逝），廼遂（踐），邑【五】人皆從，一豕陛（隨）宎（仲）之自行，是爲赤（赦）敦（俘）之戎。亓（其）隹（惟）敓（說）邑，才（在）北昏（海）之州，是隹（惟）員（圜）土。敓（說）【六】逨（來），自從事于殹（殷），王甬（用）命敓（說）爲公。【七】

尃（傅）敓（說）之命【七背】

説命（中）

【釋 文】

敓（説）逨（來）自尃（傅）厰（巖），才（在）𡰥（殷）。武丁朝于門，内（入）才（在）宗。王䬶（原）比氒（厥）夢，曰：「女（汝）逨（來）隹（惟）帝命。」敓（説）【一】曰：「允若寺（時）。」武丁曰：「㚖（咨），各（格）女（汝）敓（説），聖（聽）戒朕言，漸（慎）之于乃心。若金，甬（用）隹（惟）女（汝）复（作）礪（礪）。故（古）【二】我先王滅（滅）頣（夏），燮（燮）弜（强），戠（捷）蓍（蠢）邦，隹（惟）庶想（相）之力𡙇（勝），甬（用）孚自埶（邇）。敬之孳（哉），攺（啟）乃心，日沃【三】朕心。若藥，女（如）不䀢（瞑）眴（眩），𨚍（越）疾罔瘳。朕畜女（汝），隹（惟）乃复（腹），非乃身。若天雱（旱），女（汝）复（作）淫（淫）雨。【四】若圛〈圛〉（津）水，女（汝）复（作）舟。女（汝）隹（惟）孳（兹）敓（説）砥（底）之于乃心。复（且）天出不恙（祥），不虞（徂）遠，才（在）氒（厥）略（落），女（汝）克【五】䙷（覘）見（視）四方，乃府（俯）見（視）𡒴（地）。心毀隹（惟）備。敬之孳（哉），甬（用）隹（惟）多悳（德）。复（且）隹（惟）口记（起）戎出好，隹（惟）戎（干）戈【六】复（作）疾，隹（惟）衮（衣）截（載）㾓（病），隹（惟）戎（干）戈生（眚）氒（厥）身。若詆（抵）不見（視），甬（用）𥛚（傷），吉不吉。余告女（汝）若寺（時），𧥣（志）之于乃心。」【七】

尃（傅）敓（説）之命【七背】

說命（下）

【釋　文】

……【一】員，經悳（德）配天，余罔又（有）罣（斁）言。少（小）臣罔貟（俊）才（在）朕備（服），余隹（惟）命女（汝）敚（說）蠪（融）朕命，余順（柔）遠【二】能逐（邇），以𦲳（益）貝（視）事，弼（弼）羕（永）延（延），复（作）余一人。」王曰：「敚（說），罘（既）亦𣅀（詣）乃備（服），勿易卑（俾）邶（越）。女（如）飛鶴（雀）【三】罔鬼（畏）觀（離），不隹（惟）鷹（鷹）唯（隼），廼弗𢘫（虞）民，氒（厥）亓（其）𢘓（禍）亦羅于罾罘。」王曰：「敚（說），女（汝）母（毋）瘽（忘）曰：『余克亯（享）【四】于朕辟。』亓（其）又廼司四方民不（丕）克明，女（汝）隹（惟）又（有）萬壽（壽）才（在）乃政。女（汝）亦隹（惟）克㬎（顯）天，迵（恫）罘（瘝）少（小）【五】民，中（中）乃罰，女（汝）亦隹（惟）又（有）萬福業=（業業）才（在）乃備（服）。」王曰：「敚（說），晝女（如）貝（視）日，夜女（如）貝（視）晨（辰），寺（時）罔非乃【六】載。敬之䓛（哉）。若賈，女（汝）母（毋）非貨女（如）戠（埴）石。」王曰：「敚（說），余既訳（諟）故（劼）毖（毖）女（汝），思（使）若玉冰，上下罔不我【七】義（儀）。」王曰：「敚（說），昔在大戊，克漸（慎）五祀，天章之甬（用）九悳（德），弗易百青（姓）。隹（惟）寺（時）大戊盍（謙）曰：『余不克【八】辟萬民。余罔絉（墜）天休，弋（式）隹（惟）參（三）悳（德）賜我，虛（吾）乃尃（敷）之于百青（姓）。余隹（惟）弗进（雍）天之叚（嘏）命。』」【九】王曰：「敚（說），母（毋）蜀（獨）乃心，尃（敷）之于朕政，褎（欲）女（汝）亓（其）又（有）沓（友）沓（勅）朕命䓛（哉）。」【一〇】

尃（傅）敚（說）之命【一〇背】

周公之琴舞

【釋　文】

周公复（作）多士敬（儆）怭（毖），𡨦（琴）𦤈（舞）九絉（卒）。元内（納）攸（啟）曰：無𢘓（悔）亯（享）君，罔𩔹（墜）亓（其）考（孝），亯（享）隹（惟）滔（慆）帀，考（孝）隹（惟）型帀。𡏂（成）【一】王复（作）敬（儆）怭（毖），𡨦（琴）𦤈（舞）九絉（卒）。元内（納）攸（啟）曰：敬＝之＝（敬之敬之），天隹（惟）𩔹（顯）帀，文非易帀。毋（毋）曰高＝（高高）才（在）上，陟（陟）隆（降）亓（其）事，卑藍（監）【二】才（在）𢆶（茲）。𤔔（亂）曰：訖（遹）我伊（夙）夜不兔（逸），敬（儆）之，日𦤎（就）月𢝂（將），𡥈（教）亓（其）光明。弼（弼）寺（持）亓（其）又（有）肩，𥃾（示）告舍（余）𩔹（顯）悳（德）之行。亟〈再〉攸（啟）【三】曰：叚（假）才（哉）古之人，夫明思訢（慎），甬（用）𢦏（仇）亓（其）又（有）辟，允不（丕）承不（丕）𩔹（顯），思坙（攸）亡斁（斁）。𤔔（亂）曰：已，不曹（造）𢆶（哉）！思型之，【四】思毗彊之，甬（用）求亓（其）定，裕（裕）皮（彼）𩊽（熙）不茖（落），思逝（慎）。參（三）攸（啟）曰：悳（德）元隹（惟）可（何）？曰𣶒（淵）亦印（抑），𧴩（嚴）余不解（懈），𦤎＝（業業）畏【五】𢧵（忌），不易畏（威）義（儀），才（在）言隹（惟）克，敬之！𤔔（亂）曰：非天諡（廞）悳（德），殹（繄）莫肎（肯）曹（造）之，伊（夙）夜不解（懈），𢝊（懋）尃（敷）亓（其）又（有）敓（悅），裕（裕）亓（其）【六】文人，不兔（逸）藍（監）舍（余）。四攸（啟）曰：文＝（文文）亓（其）又（有）家（家），缶（保）藍（監）亓（其）又（有）逡（後），需（孺）子王矣，不（丕）𡨦（寧）亓（其）又（有）心。李＝（慭慭）亓（其）才（在）立（位），𩔹（顯）于【七】上下。𤔔（亂）曰：𠨕（遹）亓（其）𩔹（顯）思，皇天之𥘸（功），晝之才（在）見（視）日，夜之才（在）見（視）𠪚（辰）。日内（入）辠𥶵

（舉）不寍（寧），是隹（惟）尾（宅）。五攺（啟）曰：於（嗚）【八】虖（呼）！天多隆（降）悳（德），汸=（滂滂）才（在）下，流（攸）自求敚（悦），者（諸）尔多子，逑（逐）思湝（忱）之。𤔲（亂）曰：亘（桓）爯（稱）亓（其）又（有）若（若），曰亯（享）會舍（余）一人，【九】思輔舍（余）于勤（艱），廼是（褆）隹（惟）民，亦思不忘。六攺（啟）曰：亓（其）舍（余）湝（沖）人，備（服）才（在）清宙（廟），隹（惟）克少（小）心，命不屡（夷）簹（歇），壴（對）【一〇】天之不易。𤔲（亂）曰：弻（弼）敢巟（荒）才立（位），龏（寵）畏（威）才（在）上，敬（警）㬎（顯）才（在）下。於（嗚）虖（呼）！弋（式）克亓（其）又（有）辟，甬（用）頌（容）咠（輯）舍（余），甬（用）少（小）心，【一一】寺（持）隹（惟）文人之若（若）。七攺（啟）曰：思又（有）息，思憙（熹）才（在）上，不（丕）㬎（顯）亓（其）又（有）立（位），右帝才（在）茖（落），不遳（失）隹（惟）同。𤔲（亂）曰：仡（遹）舍（余）龏（恭）【一二】害（害）紉（怠），孜（孝）敬肥（非）紉（怠）巟（荒）。秖（咨）尔多子，笁（篤）亓（其）絸（諫）卲（劭），舍（余）彔（逯）思念，畏天之載，勿請福之侃（愆）。八攺（啟）曰：差（佐）寺（事）王【一三】恖（聰）明，亓（其）又（有）心不易，畏（威）義（儀）譩=（譩譩），大亓（其）又（有）慕（謨），介（匄）睪（澤）寺（恃）悳（德），不畀甬（用）非頌（雍）。𤔲（亂）曰：良悳（德）亓（其）女（如）紿（台）？曰亯（享）人大【一四】……罔克甬（用）之，是顨（墜）于若（若）。九攺（啟）曰：於（嗚）虖（呼）！弻（弼）敢巟（荒）悳=（德，德）【一五】非隓（惰）帀，純隹（惟）敬帀，文非敷（動）帀，不顨（墜）卣（修）彥（彦）。𤔲（亂）曰：訖（遹）我敬之，弗亓（其）顨（墜）孳（哉），思豐亓（其）復（復），隹（惟）福思【一六】甬（庸），黄句（耇）隹（惟）程（盈）。【一七】

周公之琴（琴）舞（舞）　【一背】

芮良夫毖

【釋 文】

周邦聚(驟)又(有)禍(禍),寇(寇)戎方晉,氒(厥)辟、䥈(御)事各縈(營)亓(其)身,恖(恆)靜(爭)于禀(富),莫絧(治)庶懃(難),莫卹【一】邦之不寍(寧)。內(芮)良夫乃复(作)䛑(毖)再夂(終),曰:敬之孳(哉)君子!天猷畏矣。敬孳(哉)君子!荳(囍)敗(敗)改繇,【二】龏(恭)天之畏(威)。載聖(聽)民之繇,閼(間)鬲(隔)若(若)否,以自訿(訾)讀。由(迪)求聖人,以繡(申)尔(爾)悬(謀)猷,母(毋)䐢𦗡(聞)繇,乇(度)【三】母(毋)又(有)諮,母(毋)惏(婪)惫(貪)、狎昆(惃),愿(滿)湦(盈)、康戲而不智荳(囍)告。此心目亡(無)亟(極),禀(富)而亡(無)淣,甬(用)莫能之(止)【四】欲,而莫冐(肯)齊好。尚亙=(恆恆)敬孳(哉),寡(顧)皮(彼)逡(後)復(復),君子而受柬萬民之䛊,所而弗敬,卑(譬)之若【五】童(重)載以行隋(崝)險,莫之敊(扶)退,亓(其)由不逭(顛)卬。敬孳(哉)君子!恪孳(哉)母(毋)巟(荒),畏天之隆(降)載(災),卹邦之不臧(臧)。【六】母(毋)自縱(縱)于脕(逸)以嚚(遨),不慮(圖)懃(難),覍(變)改棠(常)絉(術),而亡(無)又(有)紀(紀)統(綱)。此惪(德)型(刑)不齊,夫民甬(用)惪(憂)惕(傷)。民之【七】倀(賤)矣,而隹(惟)啻(帝)爲王。皮(彼)人不敬,不藍(鑒)于頣(夏)商。心之惪(憂)矣,楚(靡)所告罘(懷)。佳(兄)俤(弟)慝矣,忑(恐)不和【八】均(均),屯員(圓)馮(滿)溢(溢),曰余(予)未均。凸(凡)百君子,汲(及)尔(爾)畫(藎)臣,疋(胥)收(糾)疋(胥)由,疋(胥)莃(穀)疋(胥)均(均),民不日幸,尚【九】惪(憂)思。殹(緊)先人又(有)言,則畏(威)虐(虐)之,或因斬椅(柯),不遠亓(其)惻(則),母(毋)害(害)天棠(常),各堂

(當)尔(爾)悳(德)。寇(寇)戎方晉,【一〇】思(謀)猷隹(惟)戒,和劃(專)同心,母(毋)又(有)相放(負),恂求又(有)𢗐(才),聖智恿(用)力。必罙(探)亓(其)厇(宅),以暴(貌)亓(其)膪(狀),身與【一一】之語,以求亓(其)上。昔才(在)先王,幾(既)又(有)眾俑(庸),□□庶懃(難),甬(用)建亓(其)邦,坪(平)和庶民,莫敢怠憧,【一二】□□□□□□□□□甬(用)嬲(協)保,罔又(有)肙(怨)誦(訟),恳(恆)靜(爭)獻亓(其)力,畏燮(燮)方戳(讎),先君以多社(功)。古【一三】□□□□□□□□□□元君,甬(用)又(有)聖政悳(德),以力及叜(作),燮(燮)戜(仇)攺(啓)郕(國),以武丞(及)恿(勇),戣(衛)想(相)社【一四】禝(稷)。褱(懷)𢗐(慈)學(幼)弱,羸(羸)賽(寡)賥(矜)蜀(獨),萬民具(俱)慹(慹),邦甬(用)昌簠(熾)。二攺(啓)曰:天猷畏矣,豫(舍)命亡(無)成,生【一五】□□懃(難),不秉純悳(德),亓(其)厇(度)甬(用)遳(失)縈(營),莫好安情,于可又(有)靜(爭)。莫爯(稱)氒(厥)立(位),而不智(知)允浧(盈)。莫【一六】……型,自记(起)俴(殘)虘(虐),邦甬(用)不盜(寧)。凡隹(惟)君子,尚藍(鑒)于先舊,道(導)譠(讀)善敗(敗),卑坒(匡)以戒(誡),□□【一七】社(功)祩(績),龏(恭)嚣(監)亯(享)祀,和悳(德)定型(刑),政(正)百又(有)司,疋(胥)訓(訓)疋(胥)奚(教),疋(胥)戠(箴)疋(胥)思(謀),各煮(圖)氒(厥)羕(永),以交罔思(謀)。天之所鬲(壞),莫【一八】之能枳(支);天之所枳(支),亦不可鬲(壞)。反=(板板)亓(其)亡(無)成,甬(用)皇(皇)可畏,悳(德)型(刑)態(怠)絉(惰),民所訞訛(僻),約結纓(繩)【一九】劃(斷),民之闡(關)閟(閉),女(如)闡(關)梡扂(扃)鋏(管),纓(繩)劃(斷)既政而五(互)想(相)柔訛(比),矞(遹)易兇心,覓(研)斀(甄)嘉惟,料和【二〇】庶民,政命悳(德)型(刑)各又(有)祟(常)朿(次),邦亓(其)康盜(寧),不奉(逢)庶懃(難),年穀(穀)焚(紛)成,風雨寺(時)至,此隹(惟)天所建,隹(惟)四方【二一】所帣(祇)畏。曰亓(其)罰寺(時)堂(償),亓(其)悳(德)型(刑)義(宜)利,女(如)闡(關)梡不閟(閉),而纓(繩)劃(斷)遳(失)楑,五(互)想(相)不彊(彊),罔肎(肯)【二二】獻言。人頌(訟)玟(扞)韋(違),民乃嗥(嗥)嚻,楚(靡)所并(屏)衣(依),日月星辰(辰),甬(用)交亂(亂)進退,而莫曼(得)亓(其)朿(次),戢(歲)【二三】迺不厇

（度），民甬（用）戾𦘔（盡），㝯（咎）可（何）亓（其）女（如）𠮭（台）𢦏（哉）；𢍰（朕）隹（惟）湝（沖）人，則女（如）禾之又（有）秬（稺），非穀折（哲）人，虗（吾）楚（靡）所爰（援）【二四】□詣。我之不言，則畏天之發幾（機）；我亓（其）言矣，則𢙡（逸）者不𢛳（美）。民亦又（有）言曰：㥝（謀）亡（無）少（小）大，而器【二五】不再利，屯可與忨（忨），而鮮可與惟。曰：於（嗚）虗（虖）畏𢦏（哉）；言罙（深）于𣶏（淵），莫之能惻（測）；民多勤（艱）戁（難），我心【二六】不快。戾之不□□。亡（無）父母能生，亡（無）君不能生。虗（吾）宔（中）心念詿（絓），莫我或聖（聽），虗（吾）忑（恐）辠（罪）之【二七】□身，我之不□，□□是逹（失），而邦受亓（其）不寍（寧）。虗（吾）甬（用）复（作）詋（毖）再夂（終），以寓命達聖（聽）。【二八】

周公之頌志【二八背】

良臣

【釋　文】

黃帝之帀（師）：女和、䡺人、保侗。

堯之相𡕤=（舜，舜）又（有）禹=（禹，禹）又（有）白（伯）𡰥（夷），又（有）𦬣（益），又（有）史皇，又（有）咎【一】囡（囚）。

康（唐）又（有）伊君（尹），又（有）伊陟，又（有）臣𠂢（扈）。

武丁又（有）敓（傅）鵵（説），又（有）保奭（衡）。

文王又（有）忞（閎）夭，又（有）□（泰）【二】𪔅（顛），又（有）柬（散）宜生，又（有）南宮适，又（有）南宮夭，又（有）郱（芮）白（伯），又（有）白（伯）适，又（有）帀（師）上（尚）父，又（有）虔（虢）弔（叔）。【三】

武王又（有）君奭，又（有）君陳（陳），又（有）君𠇍（牙），又（有）周公旦，又（有）卲（召）公，休（遂）差（佐）成王。

晉文公又（有）【四】子軛（犯），又（有）子余（餘），又（有）咎軛（犯），後（後）又（有）弔（叔）向。

楚成王又（有）命（令）君（尹）子蔖（文）。

楚卲（昭）王又（有）命（令）君（尹）【五】子西，又（有）司馬子忈（期），又（有）鄴（葉）公子䯧（高）。

齊桓（桓）公又（有）侖寺（夷）𧆞（吾），又（有）賓（賓）須亡，又（有）𨺨（隰）【六】朋。

吴王光又（有）五（伍）之疋（胥）。

雩（越）王句戔（踐）又（有）大同（種），又（有）軳（范）羅（蠡）。

秦穆公又（有）肴（殽）大夫〓。

宋【七】又（有）左帀（師）。

魯哀公又（有）季孫，又（有）孔footnote丘（丘）。

奠（鄭）桓（桓）公與周之遺老：史全（伯）、宦中（仲）、虗（虢）弔（叔）、【八】土（杜）白（伯），後（後）出邦。

奠（鄭）定公之相又（有）子皮（皮），又（有）子產，又（有）子大弔（叔）。

子產之帀（師）：王子【九】白（伯）忎（願）、肥中（仲）、土（杜）㖭（逝）、斳斤。

子產之輔：子羽、子剌、蔑（蔑）明、卑登、富之𠩺、王子全（百）。【一〇】

楚恭（共）王又（有）郘（伯）州利（犁），以爲大宰。【一一】

祝辭

【釋文】

忎（恐）弱（溺），乃埶（執）采（幣）以祝曰：「又（有）上巟＝（茫茫），又（有）下坣＝（湯湯），司湍彭＝（滂滂），句（侯）兹某也發陽（揚）。」乃予（舍）采（幣）。【一】

救火，乃左埶（執）土以祝曰：「吁！旨（詣）五巳（夷），䰜昷冥＝（冥冥），兹我縕（贏）。」旣（既）祝，乃坌（投）以土。【二】

𢓜（隨）弓：「㸓（將）敔（注）爲死，陽（揚）武即救（求）尚（當）。」引虘（且）言之，童（同）以心，㕚（撫）咢（額），𥎦（射）戎也。【三】

外弓：「㸓（將）敔（注）爲肉，陽（揚）武即救（求）尚（當）。」引虘（且）言之，童（同）以目，㕚（撫）咢（額），𥎦（射）禽也。【四】

踵弓：「㸓（將）𥎦（射）得（干）音（函），陽（揚）武即救（求）尚（當）。」引虘（且）言之，童（同）以骫，㕚（撫）咢（額），𥎦（射）音（函）也。【五】

赤鵠之集湯之屋

【釋　文】

曰故（古）又（有）赤鵅（鵠），集于湯之𡉚（屋），湯䠶（射）之膭（獲）之，乃命少（小）臣曰：「脂（旨）盄（羹）之，我亓（其）亯（享）之。」湯迬（往）□。【一】少（小）臣既盄（羹）之，湯句（后）妻紝巟胃（謂）少（小）臣曰：「嘗我於而（尔）盄（羹）。」少（小）臣弗敢嘗，曰：「句（后）亓（其）［殺］【二】我。」紝巟胃（謂）少（小）臣曰：「尔不我嘗，虐（吾）不亦殺尔？」少（小）臣自堂下受（授）紝巟盄（羹）。紝巟受少（小）臣而【三】嘗之，乃卲（昭）然，四巟（荒）之外，亡（無）不見也；少（小）臣受亓（其）余（餘）而嘗之，亦卲（昭）然，四𣳚（海）之外，亡（無）不見也。【四】湯𢍁（返）䢅（廷），少（小）臣饋。湯忞（怒）曰：「䈞（孰）洀（調）虐（吾）盄（羹）？」少（小）臣愳（懼），乃逃于頣（夏）。湯乃□之，少（小）臣乃寐（眛）而帰（寢）【五】於逄（路），見（視）而不能言。眾鷄（烏）𨟭（將）飤（食）之。晋（巫）鷄（烏）曰：「是少（小）臣也，不可飤（食）也。頣（夏）句（后）又（有）疾，𨟭（將）䄡（撫）楚，于飤（食）【六】亓（其）祭。」眾鷄（烏）乃䛁（訊）晋（巫）鷄（烏）曰：「頣（夏）句（后）之疾女（如）可（何）？」晋（巫）鷄（烏）乃言曰：「帝命二黃它（蛇）與二白兔尻（處）句（后）之帰（寢）室【七】之棟，亓（其）下舍（舍）句（后）疾，是囟（使）句（后）疾（疾）疾而不智（知）人。帝命句（后）土爲二荶（陵）屯，共尻（處）句（后）之牀下，亓（其）【八】走（上）K（刺）句（后）之體，是思（使）句（后）之身𤶡（疴）蠚，不可亟（及）于笘（席）。」眾鷄（烏）乃迬（往）。晋（巫）鷄（烏）乃歆（歡）少（小）臣之胸（喉）渭（胃），【九】少（小）臣乃记（起）而行，至于頣=句=（夏后）。夏后）曰：「尔隹（惟）𦣞疇？」少（小）臣曰：「我天晋（巫）。」夏句（后）乃䌛

（訊）少（小）臣曰：「女（如）尔天晉（巫），【一〇】而智（知）朕疾？」少（小）臣曰：「我智（知）之。」頣（夏）句（后）曰：「朕疾女（如）可（何）？」少（小）臣曰：「帝命二黃它（蛇）與二白兔，凥（處）句（后）之帰（寢）【一一】室之棟，亓（其）下舍（舍）句（后）疾，是思（使）句（后）慦＝恂＝（棼棼眩眩）而不智（知）人。帝命句（后）土爲二菸（陵）屯，共凥（處）句（后）之牀下，【一二】亓（其）走（上）ㄎ（刺）句（后）之身，是思（使）句（后）䛐（昏）嚻（亂）甘心。句（后）女（如）敨（撤）塵（屋），殺黃它（蛇）與白兔，坴（埶）陸（地）斬菸（陵），句（后）之疾亓（其）瘳。」【一三】頣（夏）句（后）乃從少（小）臣之言，敨（撤）塵（屋），殺二黃它（蛇）與一白兔；乃坴（埶）陸（地），又（有）二菸（陵）□，乃斬之。亓（其）一白兔【一四】不旻（得），是刣（始）爲埤（陴）丮者（諸）塵（屋），以鈛（御）白兔。【一五】

赤鵠之集湯之塵（屋）【一五背】